La Adoración como estilo de vida

Curso Básico de la Escuela de Liderazgo

Iglesia del Nazareno

Región Mesoamérica

Timoteo Mckeithen

La Adoración como estilo de vida.

Libro de la serie "Escuela de Liderazgo"
Curso Básico

Autor: Timoteo Mckeithen
Co-Autores: Luisa Zickefoose
Franlyn Peña Ortiz
Karla Alejandra González Berumen
Juan Manuel Rodríguez Pineda

Edición: Dra. Mónica E. Mastronardi de Fernández
Revisor: Dr. Rubén E. Fernández

Material producido por EDUCACIÓN Y DESARROLLO PASTORAL de la Iglesia del Nazareno, Región Mesoamérica - www.edunaz.org
Dirección postal: Apdo. 3977 – 1000 San José, Costa Rica, América Central.
Teléfono (506) 2285-0432 / 0423 - Email: EL@mesoamericaregion.org

Publica y distribuye Asociación Región Mesoamérica
Av. 12 de Octubre Plaza Victoria Locales 5 y 6
Pueblo Nuevo Hato Pintado, Ciudad de Panamá
Tel. (507) 203-3541
E-mail: literatura@mesoamericaregion.org

Copyright © 2017 - Derechos reservados
Queda prohibida la reproducción parcial o total, por cualquier medio, sin el permiso escrito de Educación y Desarrollo Pastoral de la Iglesia del Nazareno, Región Mesoamérica.
www.mesoamericaregion.org

Todas las citas son tomadas de la Nueva Versión Internacional 1999
por la Sociedad Bíblica Internacional, a menos que se indique lo contrario.

Diseño de portada: Juan Manuel Fernández (www.juanfernandez.ga)
Imagen de portada por Erica Marshall
Utilizada con permiso (Creative Commons).

Impresión digital

Índice de las lecciones

Lección 1	¿Qué es adoración?	9
Lección 2	La adoración en el Antiguo Testamento	17
Lección 3	La adoración en el Nuevo Testamento	25
Lección 4	La adoración como estilo de vida	33
Lección 5	La adoración congregacional	41
Lección 6	El Espíritu Santo y la adoración	49
Lección 7	La mayordomía como acto de adoración	57
Lección 8	Fundamentos culturales de la adoración	65

Presentación

La serie de libros **Escuela de Liderazgo** ha sido diseñada con el propósito de proveer una herramienta a la iglesia para la formación, capacitación y entrenamiento de sus miembros a fin de integrarlos activamente al servicio cristiano conforme a los dones y el llamado (vocación) que han recibido de su Señor.

Cada uno de los libros provee el material de estudio para un curso del programa **Escuela de Liderazgo** que es ofrecido por las Instituciones Teológicas de la Región Mesoamérica de la Iglesia del Nazareno. Éstas son: IBN (Cobán, Guatemala); STN (Ciudad de Guatemala); SENAMEX (Ciudad de México) y SENDAS (San José, Costa Rica); SND (Santo Domingo, República Dominicana) y SETENAC (La Habana, Cuba). Un buen número de los y las líderes de estas instituciones (rectores, directores, vicerrectores y directores de estudios descentralizados) participaron activamente en el diseño del programa.

La **Escuela de Liderazgo** cuenta con cinco Cursos Básicos, comunes a todos los ministerios, y seis Cursos Especializados para cada ministerio, al final de los cuales la Institución Teológica respectiva le otorga al estudiante un certificado (o diploma) en Ministerio Especializado.

El objetivo general de la **Escuela de Liderazgo** es: "Colaborar con la iglesia local en el equipamiento de los "santos para la obra del ministerio" cimentando en ellos un conocimiento bíblico teológico sólido y desarrollándolos en el ejercicio de sus dones para el servicio en su congregación local y en la sociedad." Los objetivos específicos de este programa son tres:

- Desarrollar los dones del ministerio de la congregación local.
- Multiplicar ministerios de servicio en la iglesia y la comunidad.
- Despertar la vocación al ministerio profesional diversificado.

Agradecemos a la Dra. Mónica Mastronardi de Fernández por su dedicación como Editora General del proyecto, a los Coordinadores Regionales de Ministerios y al equipo de escritores y diseñadores que colaboraron en este proyecto. Agradecemos de igual manera a los profesores y profesoras que compartirán estos materiales. Ellos y ellas harán la diferencia en las vidas de miles de personas a lo largo y ancho de Mesoamérica.

Finalmente, no podemos dejar de agradecer al Dr. L. Carlos Sáenz, Director Regional MAR, por su respaldo permanente en esta tarea, fruto de su convicción de la necesidad prioritaria de una iglesia equipada de manera integral.

Oramos por la bendición de Dios para todos los discípulos y todas las discípulas cuyas vidas y servicio cristiano serán enriquecidos por estos libros.

Dr. Rubén E. Fernández
Coordinador de Educación y Desarrollo Pastoral
Región Mesoamérica

¿Qué es la Escuela de Liderazgo?

Escuela de Liderazgo es un programa de educación para laicos en las diferentes especialidades ministeriales para involucrarlos en la misión de la iglesia local. Este programa es administrado por las Instituciones Teológicas de la Iglesia del Nazareno en la Región Mesoamérica e impartido tanto en sus sedes como en las iglesias locales inscriptas.

¿Para quiénes es la Escuela de Liderazgo?

Para todos los miembros en plena comunión de las iglesias del nazareno quienes habiendo participado en los niveles B y C del programa de discipulado, desean de todo corazón descubrir sus dones y servir a Dios en su obra.

Plan ABCDE

Para contribuir a la formación integral de los miembros de sus iglesias, la Iglesia del Nazareno de la Región Mesoamérica ha adoptado el plan de discipulado ABCDE, y desde el año 2001 ha iniciado la publicación de materiales para cada uno de estos niveles. La Escuela de Liderazgo corresponde al Nivel D del plan de discipulado ABCDE y ha sido diseñada para aquellos que ya han pasado por los anteriores niveles de discipulado.

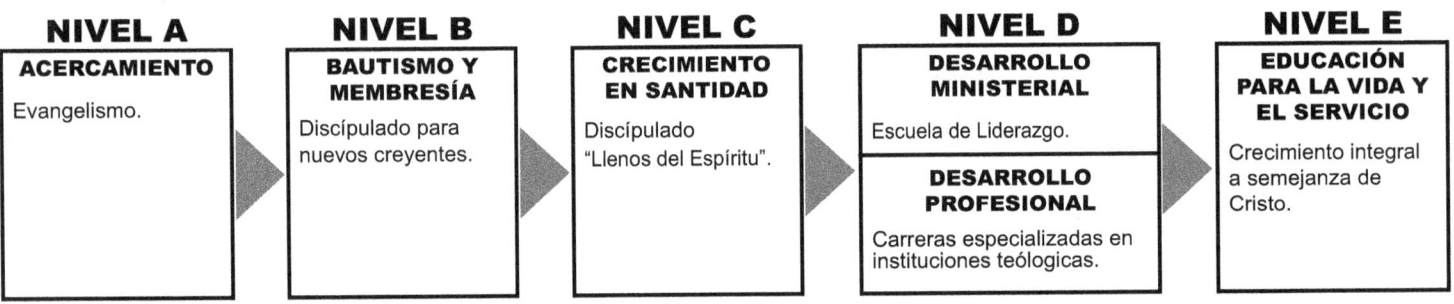

En la Iglesia del Nazareno creemos que hacer discípulos a imagen de Cristo en las naciones es el fundamento de la obra misional de la Iglesia y responsabilidad de su liderazgo (Efesios 4:7-16). La labor de discipulado es continua y dinámica, es decir el discípulo nunca deja de crecer a semejanza de su Señor. Este proceso de crecimiento, cuando es saludable, ocurre en todas dimensiones: en la dimensión individual (crecimiento espiritual), en la dimensión corporativa (incorporación a la congregación), en la dimensión santidad de vida (transformación progresiva de nuestro ser y hacer conforme al modelo de Jesucristo) y en la dimensión servicio (invertir la vida en el ministerio).

Dra. Mónica Mastronardi de Fernández
Editora General Libros de Escuela de Liderazgo

¿Cómo usar este libro?

Este libro que tiene en sus manos es para el curso introductorio: Descubriendo mi Vocación en Cristo, del programa Escuela de Liderazgo. El objetivo de este curso es ayudar a los miembros de las iglesias del Nazareno a descubrir sus dones y su llamado ministerial, y al mismo tiempo animarlos a matricularse en la Escuela de Liderazgo a fin de capacitarse para servir al Señor en su iglesia local.

¿Cómo están organizados los contenidos de este libro?

Cada una de las ocho lecciones de este libro contiene lo siguiente:

> **Objetivos:** estos son los objetivos de aprendizaje que se espera que el alumno alcance al terminar el estudio de la lección.

> **Ideas Principales:** Es un resumen de las enseñanzas claves de la lección.

> **Desarrollo de la lección:** Esta es la sección más extensa pues es el desarrollo de los contenidos de la lección. Estas lecciones se han escrito pensando en que el libro es el maestro, por lo que su contenido se expresa en forma dinámica, en lenguaje sencillo y conectado con las ideas del mundo contemporáneo.

> **Notas y comentarios:** Los cuadros al margen tienen el propósito de aclarar términos y proveer notas que complementan o amplían el contenido de la lección.

> **Preguntas:** En ocasiones se incluyen preguntas al margen que el profesor puede usar para introducir, aplicar o reforzar un tema de la lección.

> **¿Qué aprendimos?:** En un recuadro que aparece al final del desarrollo de la lección se provee un resumen breve de lo aprendido en la misma.

> **Actividades:** Esta es una página al final de cada lección que contiene actividades de aprendizaje individuales o grupales relativas al tema estudiado. El tiempo estimado para su realización en clase es de 20 minutos.

> **Evaluación final del curso:** Esta es una hoja inserta en la última página del libro y que una vez completada el alumno debe separar del libro y entregar a profesor del curso. La duración estimada para esta actividad de reforzamiento final es de 15 minutos.

¿Cuánto dura el curso?

Este libro ha sido diseñado para que el curso pueda enseñarse en diferentes modalidades:

<u>Como curso de 8 sesiones:</u>

En total se requieren 12 horas de clase presencial repartidas en 8 sesiones de 90 minutos. Los días y horarios serán coordinados por cada Institución Teológica y cada iglesia o centro local de estudios. Dentro de esta hora y media el profesor o la profesora debe incluir el tiempo para las actividades contenidas en el libro.

<u>Como taller de 3 sesiones:</u>

- Sesión plenaria de 90 minutos (lección 1).
- Seis talleres de 90 minutos cada uno. Los participantes asisten a uno de estos talleres conforme a sus dones más fuertes (lecciones 2 a 7).

- Última plenaria de 90 minutos (lección 8).

Ejemplo de cómo distribuir el tiempo para taller de un sábado:

Taller: Descubra su vocación en Cristo

8:00 am	Inscripción
8:30 a 10:00 am	Plenaria: Descubre tus dones espirituales
10:00 a 10:30 am	Receso
10:30 a 12:00 am	Talleres sobre Especialidades Ministeriales
12:00 a 1:00 pm	Almuerzo
1:00 a 2:30 pm	Plenaria ¿Cuál es mi función en el Cuerpo de Cristo?
2:30 a 3:00 pm	Receso
3:00 a 4:00 pm	Presentación de Escuela de Liderazgo y Prematrícula para Cursos Básicos

¿Cuál es el rol del alumno?

El alumno es responsable de:

1. Matricularse a tiempo en el curso.
2. Adquirir el libro y estudiar cada lección antes de la clase presencial.
3. Asistir puntualmente a las clases presenciales.
4. Participar en las actividades en clase.
5. Participar en la práctica ministerial en la iglesia local fuera de clase.
6. Completar la evaluación final y entregarla al profesor.

¿Cuál es el rol del profesor del curso?

Los profesores y las profesoras para los cursos de Escuela de Liderazgo son pastores/as y laicos comprometidos con la misión y ministerio de la Iglesia y de preferencia que cuentan con experiencia en el ministerio que enseñan. Ellos son invitados por el/la Director/a de Escuela de Liderazgo de la iglesia local (o Institución Teológica) y sus funciones son:

1. Prepararse con anterioridad estudiando el contenido del libro y programando el uso del tiempo en la clase. Al estudiar la lección debe tener a mano la Biblia y un diccionario. Aunque en las lecciones se usa un vocabulario sencillo, se recomienda "traducir" lo que se considere difícil de entender a los alumnos y alumnas, o sea, poner la lección en el lenguaje que ellos y ellas comprenden mejor.

2. Velar para que los/as alumnos/as estudien el material del libro y alcancen los objetivos de aprendizaje.

3. Planear y acompañar a los estudiantes en las actividades de práctica ministerial. Estas actividades deben programarse y calendarizarse junto al pastor local y el/la director/a del ministerio respectivo. Para estas actividades no debe descontarse tiempo a las clases presenciales.

4. Llevar al día la asistencia y las calificaciones en el formulario de Informe de clase. El promedio final será el resultado de lo demostrado por el/la estudiante en las siguientes actividades:

a. Trabajo en clase

b. Participación en la práctica ministerial fuera de clase.

c. Evaluación final

5. Recoger las hojas de "Evaluación", entregarlas junto al formulario "Informe de clase" al finalizar el curso al/ a la director/a de Escuela de Liderazgo local, esto después de evaluar, cerrar los promedios y verificar que todos los datos estén completos en el formulario.

6. Los profesores y las profesoras no deben agregar tareas de estudio o lecturas aparte del contenido del libro. Si deben ser creativos/as en el diseño de actividades de aprendizaje en clase y en planear actividades ministeriales fuera de clase conforme a la realidad de su iglesia local y su contexto.

¿Cómo enseñar una clase?

Se recomienda usar los 90 minutos de cada clase presencial de la siguiente manera:

- **5 minutos:** Enlace con el tema de la lección anterior y orar juntos.

- **30 minutos:** Repaso y discusión del desarrollo de la lección. Se recomienda usar un bosquejo impreso, pizarra o cartulina u otro disponible, usar dinámicas de aprendizaje y medios visuales como gráficos, dibujos, objetos, láminas, preguntas, asignar a los alumnos que presenten partes de la lección, etc. No se recomienda usar el discurso o que el maestro lea nuevamente el contenido de la lección.

- **5 minutos:** Receso ya sea en el medio de la clase o cuando sea conveniente hacer un corte.

- **20 minutos:** Trabajo en las actividades del libro. Esto puede realizarse al inicio, en el medio o al final del repaso, o bien se pueden ir completando actividades a medida que avanzan en los temas y conforme éstas se relacionan con los mismos.

- **20 minutos:** Discusión sobre la práctica ministerial que hicieron y que tendrán. Al inicio del curso se deberá presentar a los estudiantes el calendario de la práctica del curso para que ellos hagan los arreglos para poder asistir. En las clases donde se hable sobre la práctica que ya hicieron, la conversación debe ser dirigida para que los alumnos compartan lo que aprendieron; tanto de sus aciertos, como de sus errores, así como de las dificultades que se presentaron.

- **10 minutos:** Oración por los asuntos surgidos de la práctica (desafíos, personas, problemas, metas, agradecimiento por los resultados, entre otros).

¿Cómo hacer la evaluación final del curso?

Asigne 15 minutos de tiempo a los y las estudiantes en la última clase del curso. Si fuera necesario ellos y ellas pueden consultar sus libros y Biblias. Las evaluaciones finales se han diseñado para ser una actividad de reforzamiento de lo aprendido en el curso y no una repetición memorística de los contenidos del libro. Lo que se propone con esta evaluación es medir la comprensión y la valoración del estudiante hacia los temas tratados, su crecimiento espiritual, su progreso en el compromiso con la misión de la iglesia local y su avance en experiencia ministerial.

Actividades de práctica ministerial

Las siguientes son actividades sugeridas para la práctica ministerial fuera de clase. En la lista abajo se incluyen varias ideas para ayudar a los profesores, pastores, director de Escuela de Liderazgo local y directores locales de ministerio. De ellas se puede escoger las que más se adapten a la realidad contextual y el ministerio de la iglesia local o bien pueden ser reemplazadas por otras conforme a las necesidades y posibilidades.

Se recomienda tener no menos de tres actividades ministeriales por curso. Puede poner a toda la clase a trabajar en un mismo proyecto o asignar tareas en grupos según sus intereses, dones y habilidades. Es recomendable involucrar a los alumnos y alumnas en una variedad de experiencias ministeriales que sean nuevas para ellos y ellas.

Actividades ministeriales sugeridas para La Adoración como estilo de vida

1. Integrar a los estudiantes en un comité de trabajo para organizar un culto de adoración con énfasis en la Cena del Señor, el Bautismo, la dedicación de niños, la sanidad u otro.

2. Para los estudiantes que son parte del ministerio de alabanza: Hacer una planeación de los coros para los cultos conforme a los temas de las predicaciones o los énfasis de un mes.

3. Confeccionar una encuesta para evaluar los cultos de adoración de la iglesia a fin de conocer la opinión de la congregación y así mejorar los servicios.

4. Preparar un culto especial de alabanza, utilizando instrumentos y ritmos típicos de su país, con el propósito de valorar los recursos propios de su cultura.

5. Preparar un drama con los adolescentes o jóvenes de la iglesia para enseñar a los niños la importancia de participar en los cultos de adoración de la iglesia.

6. Organizar un mes con semanas de énfasis en las disciplinas espirituales a fin de involucrar a toda la congregación en la práctica de ciertas disciplinas como la oración, el ayuno, visitación de enfermos, compartir con los necesitados, entre otros.

7. Con los estudiantes que asisten a las actividades de la Juventud Nazarena Internacional y el concilio de la misma, elaborar un proyecto para programar cultos con temas específicos para un trimestre, un semestre o un año.

8. Preparar un mural de carácter formativo en el que mediante la creatividad artística se comuniquen los principios de la adoración y del estilo de vida del verdadero adorador.

9. Confeccionar señaladores para las Biblias con textos bíblicos que enseñen principios de la adoración como estilo de vida para repartir a la congregación o a un grupo.

Lección 1

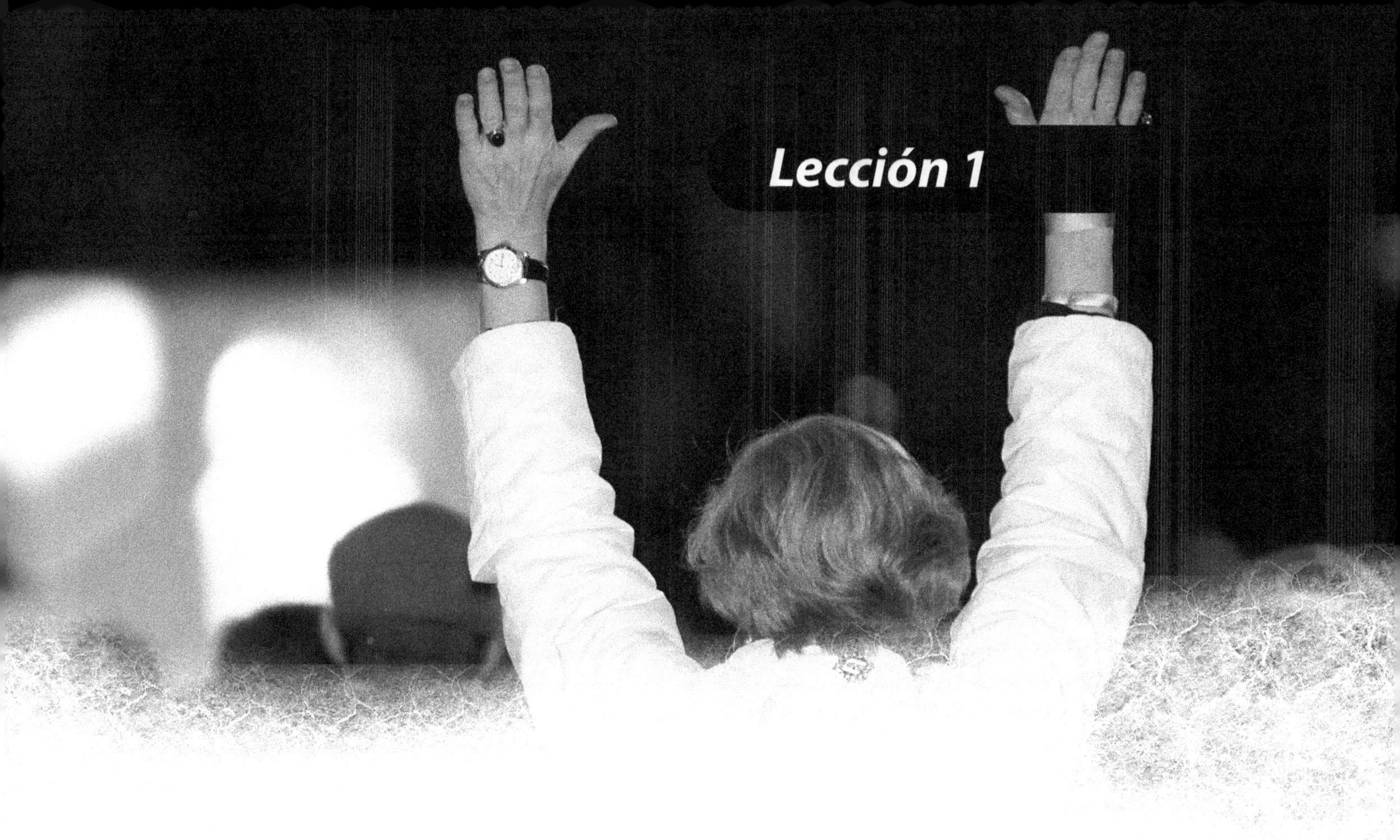

¿Qué es adoración?

Objetivos

- Definir palabras relacionadas a la adoración
- Conocer los conceptos para adoración en el A.T. y en el N. T.
- Comprender lo que significa adoración como estilo de vida.

Ideas Principales

- Adorar significa reverenciar con sumo honor y respeto a un ser superior y divino. Puede definirse también como amar en extremo.
- La verdadera adoración es aquella que se concentra solamente en el Señor.

¿Qué entiende la gente por adoración?

Definiciones

Es importante conocer el significado correcto de los términos relacionados a la adoración como "alabanza", "acción de gracias" y "adoración", puesto que en el uso común de la gente pueden tener un significado diferente e incorrecto.

Alabanza - La palabra alabanza significa, honrar, exaltar, glorificar, enaltecer, elogiar, aplaudir a alguien por algo que hizo. Alabar significa expresar verbalmente honra y honor a una persona que se lo merece.

Acción de gracias - La acción de gracias es una expresión de gratitud; significa agradecer a alguien.

Adoración - Adorar significa reverenciar con sumo honor y respeto a un ser, a quien se considera superior o divino. Puede definirse también como amar en extremo. Los términos en hebreo y griego que son traducidos en nuestras biblias castellanas como "adoración" y/o "adorar" también se pueden entender como "temer, buscar, servir, inclinarse y ministrar". Adoración entonces es una expresión de honor, adoración y servicio a Dios como respuesta a su obra de gracia en la redención.

Un argumento práctico y sencillo para distinguir entre el acto de alabanza como acción de gracias y el de adoración, es el hecho de que la alabanza hace énfasis en exaltar a Dios por sus obras y la adoración le exalta por lo que Él es.

Acción de gracias: es una actitud de agradecimiento a Dios por lo que de Él recibimos.

Alabanza: es el acto de declarar la grandeza de la Persona de Dios con nuestras palabras, nuestro canto y nuestra vida.

Palabras para adoración en el Antiguo Testamento

En el Antiguo Testamento adoración está unido al servicio.

Para entender mejor las bases bíblicas de la adoración, es necesario estudiar dos términos claves en idioma hebreo que se emplean en el Antiguo Testamento para definir la adoración: *shachah* y *abad*.

Escuela de Liderazgo - La Adoración como estilo de vida

Shachah

Shachah es, sin lugar a dudas, la palabra hebrea más utilizada en el Antiguo Testamento para referirse a la adoración. *Shachah* aparece 191 veces y en su sentido original significa: "adorar, inclinarse, postrarse". Abraham usó la palabra *shachah* cuando dijo en Génesis 22:5 *"...El muchacho y yo seguiremos adelante para adorar a Dios, y luego regresaremos junto a ustedes"*. La adoración a Dios, estaba asociada a la práctica de ofrecer sacrificios.

También en el capítulo 24 de Génesis, Abraham utiliza la palabra *shachah* como descripción de adoración y gratitud a Dios: *"... y me incliné para adorar al SEÑOR, el Dios de Abraham..."* (vrs. 48); *"Al escuchar esto, el criado de Abraham se postró en tierra delante del SEÑOR"* (vrs. 52). En este pasaje *shachah* significa postrarse en el suelo para mostrar adoración y reverencia o respeto hacia un ser humano o hacia Dios.

Por ejemplo, en Génesis 33:3, 6-7 *shachah* indica la acción de humillación y sumisión de Jacob y toda su familia, en su reconciliación con su hermano Esaú: *"Jacob, por su parte, se adelantó a ellos, inclinándose hasta el suelo siete veces mientras se iba acercando a su hermano"... "Las esclavas y sus hijos se acercaron y se inclinaron ante Esaú. Luego, Lea y sus hijos hicieron lo mismo y, por último también se inclinaron José y Raquel"*.

El significado de esta palabra shachah, expresa un concepto de adoración basado en la reverencia. Significa homenaje y sumisión al objeto de adoración. La humillación y el postrarse en el suelo es la manifestación de una rendición de la voluntad, para dar reverencia y honor al receptor de esa adoración, lo cual implica servicio y entrega.

La actitud y acción de humillarse delante de alguien no es común en nuestro entorno. Ser servil y humilde tampoco es una actitud popular. Sin embargo, ante la evidencia del significado de la palabra hebrea shachah, este es el primer concepto bíblico de adoración que debemos aprender. Esta realidad nos lleva a preguntar: ¿Cómo el se humano puede adorar dignamente a Dios? La respuesta es que sólo con la ayuda de Su gracia podemos aprender la actitud correcta para la adoración.

Abad

Otra palabra hebrea para adorar es *abad*, que significa tanto "adorar" como "servir". Esta palabra se encuentra unas 300 veces en el Antiguo Testamento y describe la acción de "trabajar, cultivar y servir". Mayormente se usa en el sentido de "trabajar para alguien".

Hay dos pasajes donde podemos ver ejemplos del uso de *abad*. En Génesis 25:23, cuando Rebeca buscó la razón de por qué los dos gemelos luchaban en su vientre, Dios le respondió: *"Dos naciones hay en tu seno; dos pueblos se dividen desde tus entrañas. Uno será más fuerte que el otro, y el mayor servirá al menor"*. Es decir que, Esaú y sus descendientes servirían y trabajarían para Jacob y su descendencia.

Lección 1 - ¿Qué es adoración?

Shachah: *palabra hebrea que significa postrarse simbólicamente o físicamente ante la presencia de la majestad y santidad de Dios. Indica también la idea de una actitud de la mente y del cuerpo que muestra obediencia y sumisión ante la voluntad de Dios.*

Ritual: *ceremonia o liturgia que en la iglesia forma parte del culto a Dios.*

Cientos de años más tarde, cuando el pueblo de Israel estaba en esclavitud en Egipto, Dios envió a Moisés y Aarón para dar un mensaje al Faraón: *"Así dice el SEÑOR y Dios de Israel: Deja ir a mi pueblo, para que celebre en el desierto fiesta en mi honor"* (Éxodo 5:1). Es evidente que la palabra *abad* expresa el sentido de servir en adoración (Deuteronomio 6:13 y 11:13,14).

Palabras para adoración en el Nuevo Testamento

En el Nuevo Testamento adoración describe sometimiento total al señorío de Cristo.

En el Nuevo Testamento, encontramos el término griego *proskuneo*, que significa "adorar". En la versión Reina Valera 1960, aparece 59 veces, de las cuales, 50 como el verbo "adorar", tres veces en la forma sustantiva de "adorador", cinco como "postrarse", una como "arrodillarse", y otra vez como "hacer reverencia". Es la palabra que Jesús utilizó cuando enseñó a la mujer samaritana sobre la verdadera adoración en Juan 4:20-24.

El concepto de adoración contenido en la palabra hebrea *shachah* del Antiguo Testamento se tradujo en el Nuevo Testamento en la palabra griega *proskuneo*, la cual se forma de dos vocablos: "pros" que significa "delante o ante", y "kuneo" que significa "besar". El sentido de la palabra griega *proskuneo* es claramente el mismo que el de la palabra hebrea *shachah*, y describe al adorador que se humilla delante de Dios. Es interesante observar que muchas veces aparece la palabra *proskuneo* en el Nuevo Testamento junto a "postrarse" (se pueden ver ejemplos en Mateo 2:11 y Apocalipsis 7:11).

Conforme al significado de estas palabras, podemos afirmar que la adoración bíblica es una adoración humilde, sumisa, servicial y generosa. Es postrarse o inclinarse a los pies de alguien, dar muestras concretas de la superioridad del otro y subordinarse voluntariamente ante esta persona. El adorador debe tener una actitud profundamente respetuosa y rendida completamente ante el Señor, centrando su atención sólo en Él, no en sí mismo.

La adoración congregacional debe ser ciertamente y solamente una adoración al Señor, con énfasis en Él y solo Él. *"Porque todas las cosas proceden de él, y existen por él, y para él..."* (Romanos 11:36).

En el culto debe corregirse cualquier cosa que distraiga a la congregación de su concentración en el Señor y su adoración a Él. Puede ser: la música desafinada; algo en los movimientos o la ropa de los músicos; los "chillidos" de los micrófonos, el volumen de los altavoces o parlantes, alguien en la plataforma que no participa en la adoración, demasiado calor o frío, los himnarios o cancioneros faltantes, las diapositivas mal escritas o que no

---

Bob Sorge en su libro: Exploración de la Adoración dice que hay seis razones para alabar a Dios:
- *Porque así se ordena en la Palabra*
- *Porque Dios se entrona en la alabanza*
- *Porque es bueno alabar al Señor*
- *Porque Dios es digno de alabanza*
- *Porque Dios creó al hombre y la mujer para que lo alabe*
- *Porque hay poder en la alabanza*

se ven o que van a otra velocidad que los cantos, la voz del cantante que sobresale, la gente que conversa, personas que salen y entran del salón, las luces, etc.

¿Qué elementos incluye la adoración?

Algunos elementos importantes que incluye la adoración.

Una definición de adoración dice así: "Adoración es comunión con Dios, en la cual los creyentes por gracia centran la atención de sus mentes y el afecto de sus corazones en el Señor mismo, humildemente, glorificando a Dios en respuesta a su grandeza y a su Palabra". Esta definición toca casi todos los aspectos relevantes de la adoración.

Adoración: es la actitud constante de devoción y adoración a Dios por ser quien es y por sus obras.

La adoración es una vía de comunicación mutua establecida por la gracia de Dios (Hebreos 10:19-22). El creyente tiene libre acceso al Padre Celestial gracias a la obra realizada por Jesucristo en la cruz. La adoración empieza con una actitud de humildad ante Dios; sigue con una confesión de nuestra dependencia total, buscando su perdón; luego con una proclamación de su señorío y grandeza, pidiendo su ayuda para saber y hacer su voluntad en nuestras vidas, según la guía de su Santo Espíritu; y termina con un compromiso y consagración de parte del creyente para obedecer y honrar a Dios con todo su ser. El mejor modelo de adoración se encuentra en el "Padre Nuestro" (Mateo 6:9-13).

La adoración no es tan solo el segmento musical del culto sino que está presente en todos los momentos del diario vivir. La adoración auténtica no es un acto religioso y no se limita a rituales o ceremonias. La adoración no ocurre solamente dentro del templo, no depende de un lugar, sino que la adoración debe impregnar todo lo que el cristiano piensa, dice, hace y siente. La adoración incluye una actitud de gratitud a Dios por su bendición de dar vida y salud.

La adoración incluye palabras que expresan gozo por recuerdos de lo que hizo el Señor por nosotros en tiempo pasados. La adoración incluye los momentos de reflexión privada en los que el hombre y la mujer aprecian la revelación de Dios por medio de su creación. La adoración incluye el reconocimiento de la suficiencia de Dios y la dependencia nuestra en el tiempo de oración. Todo lo mencionado no es una actividad sólo del culto en el día domingo. La adoración, es muchísimo más. Es un estilo de Vida.

La adoración junto al pueblo de Dios es también de suma importancia. Uno de los mas grandes acontecimientos en la vida del ser humano es experimentar la presencia de Dios manifiesta en los cultos de la iglesia. Es una experiencia difícil de describir en palabras; es un encuentro divino-humano que trasciende cualquier otra experiencia de la vida diaria. El rey David entendía esto, y por eso expresó su deseo de estar en el templo: *"Yo me alegro cuando me dicen: Vamos a la casa del SEÑOR"* (Salmo 122:1).

Lección 1 - ¿Qué es adoración?

En repetidas ocasiones, David declaró su necesidad de estar en la presencia del Señor, participar de tiempos de adoración con sus hermanos y recibir de Dios instrucción y consuelo. Las palabras de David expresan su incontenible anhelo de Dios y de brindar adoración genuina para Él, reconociendo que hasta su deseo de adorar viene de Dios mismo.

Diez maneras de adorar

En esta sección conoceremos diez maneras de expresar a Dios adoración.

A pesar de la verdad indiscutible de que todos los creyentes deben ser adoradores, tiende a existir en las iglesias cristianas confusión con respecto a lo que significa ser un adorador. Muchos se equivocan al pensar que adorar es cantar y que adoración es, necesariamente, sinónimo de música, y viceversa. Como veremos a continuación la música es solamente una forma -entre las muchas que existen- de adorar a Dios.

> *Adoración es comunión con Dios, en la cual los creyentes por gracia centran la atención de sus mentes y el afecto de sus corazones en el Señor mismo, humildemente, glorificando a Dios en respuesta a su grandeza y a su Palabra.*

1. Adorar por medio de la oración

La oración más conocida en la Biblia es el Padre Nuestro y es el modelo que Jesús nos enseñó para dirigirnos al Padre. Esta oración muchas veces expresa adoración y nos ayuda a pensar más en el Señor en lugar de hacer de la oración tan sólo una lista de peticiones (Mateo 6:9-14, Colosenses 4:2).

2. Adorar por medio de la lectura bíblica

Hay un sinfín de pasajes bíblicos que expresan adoración cuyas palabras podemos usar en nuestra adoración como Salmos 117 y 121 o Apocalípsis 4 y 5, entre otros.

3. Adorar por medio de la obediencia

Cuando una persona obedece los mandamientos del Señor, le está dando honra y reverencia. La obediencia en nuestra vida cotidiana agrada a Dios más que cualquier ritual: *"Mas le agrada al Señor que se le obedezca, y no que se le ofrezcan sacrificios y holocaustos; vale mas obedecerlo y prestarle atención que ofrecerle sacrificios y grasa de carneros"* (1 Samuel 15:22 DHH).

4. Adorar por medio de los diezmos y las ofrendas

Los diezmos y ofrendas de los creyentes indican el reconocimiento de su Señorío y muestran una actitud de disposición y entrega al Señor. Claramente es una manera de adorarle (Génesis 28:22, Mateo 21:1-4).

5. Adorar por medio de la confraternidad

El amor entre los hermanos cristianos es una señal al mundo de que hay un pueblo que adora a Dios. Jesús dijo: *"En esto conocerán todos que sois mis discípulos, si tuviereis amor los unos con los otros"* (Juan 13:35).

6. Adorar por medio del evangelismo

Una de las tareas que el Señor nos encomendó es la de evangelizar a los perdidos. Fue la misión de Jesús y es la de sus seguidores también: *"El Señor no retarda su promesa, según algunos la tienen por tardanza, sino que es paciente para con nosotros, no queriendo que ninguno perezca, sino que todos procedan al arrepentimiento"* (2 Pedro 3:9 y 2 Corintios 5:18-20).

7. Adorar por medio del servicio compasivo

El creyente honra a su Señor cuando sirve con compasión a los que pasan por alguna necesidad (Mateo 25:34).

8. Adorar por medio de una actitud de gratitud

La gratitud al Señor, también es una forma de adorarle pues es el reconocimiento de su grandeza y amor. Puede ser expresada públicamente como acción de gracias, pero lo realmente importante es la actitud (Salmos 103:1-5, 34:1-3).

9. Adorar por medio de la sumisión al Señor

Rendirse completamente al Señor, es la clave para ser un genuino adorador. Esta sumisión permite que Dios obre libremente en nosotros purificando nuestros corazones: *"Que Dios mismo, el Dios de paz, los santifique por completo y conserve todo su ser, espíritu, alma y cuerpo irreprochable para la venida de nuestro Señor Jesucristo"* (1 Tesalonicenses 5:23 NVI).

10. Adorar por medio de la consagración

Dios quiere que sus hijos se involucren en la expansión de su Reino, impactando a otros, por medio de una vida de entrega y servicio. Muchos cometen el error de querer servir en un ministerio de la iglesia sin antes aprender a ser buenos adoradores. Por ejemplo, quienes dirigen los tiempos de alabanza en los cultos, tienen que ser buenos músicos, pero, aún más importante, es que sean genuinos adoradores (Deuteronomio 10:8, Juan 4:21-24).

Como vemos la adoración verdadera reside en lo íntimo del corazón del cristiano. Fluye naturalmente cuando hay una actitud de sumisión humilde ante nuestro Creador y Señor, una actitud de agradecimiento por habernos rescatado del pecado, un profundo amor por habernos amado con su amor eterno y un deseo apasionado de servirle con toda nuestra vida en obediencia a su llamado. La verdadera adoración resulta naturalmente en una vida de santidad y servicio.

> Debemos responder personalmente a la iniciativa de Dios. Él se revela tal cual es y quiere que hagamos lo mismo. Él nos dice la verdad y espera que nosotros sigamos su ejemplo. Al adorar comunicamos a Dios la verdad acerca de nuestros pensamientos, sentimientos y deseos.

¿QUÉ APRENDIMOS?

Los términos bíblicos nos ayudan a comprender que la adoración va más allá de un acto cúltico. La adoración genuina es un estilo de vida de devoción, obediencia y servicio.

Lección 1 - ¿Qué es adoración?

Actividades

INSTRUCCIONES:

1. En grupos pequeños de 3 o 4 personas escriban en sus propias palabras una definición de adoración.
___
___
___

2. En los mismos grupos preparen un pequeño drama para representar su definición al resto de la clase. Antes de iniciar la presentación del drama cada grupo leerá la definición al resto de la clase o la escribirá en una pizarra.

3. ¿Qué cambios necesita hacer en su vida para ser un mejor adorador?
___
___
___
___

4. Mencione al menos 5 maneras de adorar que le gustaría incorporar o practicar con más frecuencia en su vida de aquí en adelante.
___
___
___
___
___

Lección 2

LA ADORACIÓN EN EL ANTIGUO TESTAMENTO

Objetivos
- Conocer los principios de adoración en el Antiguo Testamento.
- Aplicar dichos principios a nuestra práctica personal y congregacional.

Ideas Principales
- La adoración era una práctica familiar encabezada por el padre de familia, cuya responsabilidad era perpetuarla de generación en generación.
- Dios mismo enseñó a su pueblo como adorarle.
- La adoración como actividad espiritual era el punto de encuentro del pueblo de Dios.

Palabras para adoración en el Antiguo Testamento

En el Antiguo Testamento encontramos valiosos principios sobre adoración.

El libro de Génesis relata la historia de las primeras generaciones desde la Creación del mundo, hasta la muerte de José (año 1600 a.C. aprox.).

El libro de Génesis relata muchos ejemplos de adoración a Dios efectuada por hombres como Noé, Abraham, Isaac y Jacob. Noé hizo un altar para dar gracias a Dios por su salvación del diluvio universal. Fue el primer acto de Noé después de salir del arca (Génesis 8:18-20).

Abraham edificó un altar muy cerca de su tienda para adorar a Dios. El altar lo había construido anteriormente en el lugar donde Dios se le había aparecido. Podemos leer este relato en Génesis 12:7-8. De allí se dirigió a la región montañosa que está al este de Betel, donde armó su campamento, teniendo a Betel al oeste, y a Hai al este. También en este lugar erigió un altar al Señor e invocó su nombre. Abraham hizo un altar cada vez que cambiaba la ubicación de su vivienda. Nótese en Génesis 13:18 el deseo de Abraham de tener un lugar cercano para adorar a Dios: *"Entonces Abraham, levantó su campamento y se fue a vivir cerca de Hebrón, junto al encinar de Mamre. Allí erigió un altar al SEÑOR."*

Cuando Abraham en obediencia a Dios ofrece a su hijo Isaac, Dios detuvo el sacrificio y bendijo a Abraham por su fe y obediencia (Génesis 22:9-12). Isaac continuó con la práctica de adorar a Dios y edificar un altar a Dios (Génesis 26:17-18, 23-25).

Altar:
Una construcción hecha por el hombre donde se realiza una ofrenda (sacrificio) a Dios. La palabra hebrea para altar se relaciona a la palabra sacrificio. Los primeros se construían amontonando piedras sin tallar y sin hacer gradas (Éxodo 20:24:26), esto para que no fueran semejantes a los altares elaborados que construían las naciones idólatras a sus dioses.

Jacob, el hijo de Isaac, también continuó adorando a Dios como su padre y su abuelo. Cuando compró un terreno, edificó un altar y adoraba a Dios allí (Génesis 34:18-20). En la crisis más grande de su vida, Dios apareció a Jacob, ordenándole que edifique un altar para adorarle, lo cual generó un gran cambio en la vida de Jacob. Como consecuencia, Dios le bendijo grandemente a él y a su descendencia (Génesis 36:1-7).

Es evidente que estos patriarcas brindaban a su descendencia educación sobre el modo de adorar a Dios. Ellos edificaron altares cerca de sus tiendas y era de suma importancia enseñar la adoración a Dios de los padres a los hijos y a toda su familia.

Los principios característicos de la adoración en la época de los patriarcas son:

ADORACIÓN EN TIEMPOS DE LOS PATRIARCAS			
En la Familia	*Era íntima y personal*	*Era sencilla*	*Se adoraba en cualquier lugar*
• Encabezada por el padre. • Era transmitida a hijos y nietos	• Era respuesta al llamado de Dios • Dios bendice, protege y dirige al adorador.	• Carecía de un complejo sistema ritual. • Se centraba en el Señor.	• Un lugar disponible para construir un altar. • Cerca del hogar.

Patriarca: Jefe paterno de una familia o tribu. Se reconocen como tales a los líderes de Israel en el libro de Génesis como Abraham, Isaac, Jacob, quienes vivieron entre el año 1900 y el 1600 antes de Cristo.

La adoración en la Ley Mosaica

En esta parte de la lección consideraremos la adoración en tiempos de Moisés.

Cuatrocientos cincuenta años después de los Patriarcas, cuando los hijos de Israel ya eran suficientes en número como para constituirse en una nación, Dios les dio por medio de Moisés, instrucciones sobre la adoración. Hay una clara diferencia entre la adoración de los patriarcas y aquella que se establece para Israel como nación.

Estando Israel en el desierto (entre la salida de Egipto y su establecimiento en Canaán) el pueblo se reunía para adorar en el tabernáculo. Allí se encontraba el altar de los sacrificios y se albergaba también una tienda principal dónde se encontraba el arca del pacto que se dividía en el lugar santo y el lugar santísimo. El arca era un cofre de madera finamente decorada con metales preciosos donde se guardaban las Tablas de la ley (los 10 mandamientos), un poco de maná (el pan provisto por Dios en el desierto) y la vara de Aarón (Éxodo 16:33-34; Números 17:10). Había también otros objetos en el lugar santo: el candelero, la mesa de los panes de proposición y el altar de incienso, todo esto con un rico simbolismo recordando al pueblo la presencia de Dios con ellos y su adoración que debía ser constante.

El culto iniciaba cuando un líder o sacerdote se ponía enfrente de la multitud con el fin de dirigir al pueblo en una adoración agradable a Dios, según las indicaciones que Dios les había dado. Es sobresaliente el hecho que de aquí en adelante, en el pueblo de Israel, la adoración adquiere forma corporal con los sacrificios de animales (Éxodo 24:1-8).

Tiendas: Habitaciones rectangulares que se construían con postes de madera y "cortinas" de cueros o pelo tejido de animales (cabras, ovejas o camellos). Según su tamaño podían tener divisiones internas realizadas con más cortinas. Cuando hacía calor se levantaban los bordes para que corriera el aire y cuando llovía o hacía frío se cerraban y quedaban bien herméticas. Estas casas eran portátiles, semejantes a las tiendas de los beduinos en nuestros días o las carpas que usamos para camping.

Lección 2 - La adoración en el Antiguo Testamento

Con la institucionalización religiosa en tiempos de Moisés la adoración se relaciona con sacrificios específicos, un tabernáculo y un altar rico en simbolismo.

Las instrucciones de Dios para Moisés y el pueblo de Israel son interesantes, pues revelan la intencionalidad de los detalles con los que Dios planea el tabernáculo de adoración.

En Éxodo 25:1-2, Dios da instrucciones sobre escoger una ofrenda. Reflexionando sobre la adoración en el tiempo de Moisés, hay que recordar tres aspectos sobresalientes:

- Que Dios mismo dio a Moisés y a Israel todas estas instrucciones acerca de la adoración.

- Que Moisés observó que todas las instrucciones dadas por Dios se cumplieran al pie de la letra.

- Que las reglas y prácticas fueron dadas por Dios de forma muy específica.

Hay muchos ejemplos de las indicaciones detalladas de Dios para los sacerdotes que ministraban en el ofrecimiento de los sacrificios del Pueblo.

En Levítico 6:8-14 se encuentran las instrucciones precisas que Dios dio a los sacerdotes.

- Los sacerdotes debían vestir apropiadamente (6:8-11): Los sacerdotes debían usar ropa especial cuando ministraban.

- Su vida entera estaba dedicada a "mantener el fuego del altar ardiendo" (6:9,12 y 13): Dios manda que "el fuego sobre el altar" arda durante todo el día y toda la noche. El sacerdote era responsable del fuego y de lo que representaba: la presencia del Señor.

El tabernáculo
- Construido en tiempos de Moisés
- Era un santuario portátil diseñado a modo de una gran tienda de campaña.
- Guardaba en su interior el arca del Pacto y era símbolo de la presencia de Dios en medio del pueblo.
- Las tribus acampaban alrededor de él (Éxodo 25 a 31).

- Debían ejercer su servicio en forma reverente atendiendo a cada detalle, pues en cada uno de ellos Dios comunicaba a su pueblo su plan redentor.

- Debían ser santificados por Él para Su gloria delante del Pueblo (Levítico 10:3-5).

- Debían de llevar un estilo de vida diferente al de todo el pueblo (Levítico 10:7b-11).

En el tiempo de Moisés el pueblo de Israel empezó a celebrar nuevas festividades: hubo fiestas en gratitud a Dios por la cosecha, fiestas religiosas como el Día de expiación, y muchas otras.

Por primera vez en la Biblia, se habla de una adoración congregacional. Además, se instituyó un sistema de culto que el pueblo debía guardar celosamente.

La adoración en tiempos de la monarquía

El rey David hizo un aporte significativo como adorador en sus salmos.

Salmos viene del griego psalmos. Originalmente esta palabra significaba puntear o rasgar las cuerdas con los dedos, pero luego vino a significar una canción dedicada a Dios y acompañada con instrumentos musicales. En hebreo la palabra para salmos es Sefer Tehillim.

El tiempo de los reyes es otra época especial en la historia del pueblo de Israel y otra etapa en la evolución de la adoración. El segundo rey de Israel, David, llegó a ser el mas grande de todos los adoradores del Antiguo Testamento. Es posible reconocerlo por sus hechos: preparó a su hijo para construir el primer templo, fue músico y autor de grandes poemas y canciones para el Señor.

David, le dio un lugar importante a la adoración dentro de su vida y su reinado. Se han escrito libros enteros acerca de los aportes del rey David a la adoración. No obstante, no hay duda que, lo mas sobresaliente de esos aportes son sus salmos.

En 2 Samuel 6:12-19, podemos ver al rey David como el primero y más grande adorador de todo Israel. En oposición a su predecesor Saúl, David reconoció el valor de tener el Arca del Pacto en la capital del país. Entendió que ello significaba tener la presencia de Dios en medio del pueblo. Por su fe, él y su reino recibieron muchas bendiciones de Dios.

Otro aspecto notable del Rey David, manifiesto en su vida, es su alegría a la hora de adorar al Señor. Cuando acabó de llevar el Arca y participar en la celebración, dio a todo el pueblo un pan, un pedazo de carne y una torta de pasas (2 Samuel 6:12-19).

Dimensiones del tabernáculo: La tienda principal tenía forma de rectángulo de unos 13,50 m de largo por 4,80 m de ancho y 4,50 m de alto. Estaba construida con 48 planchas de madera de acacia recubiertas de oro y sostenidas con bases de plata (Éxodo 26:25-29).

El libro de los Salmos es una compilación de canciones y poemas de diversos autores del pueblo de Israel. De todos ellos, el más destacado es David, autor de 73 salmos que componen este "himnario". Podemos observar el pensamiento de David y su concepto de la adoración, si tomamos como ejemplo dos de sus Salmos. El Salmo 103 es personal. David se invita así mismo a adorar al Señor y termina por invitar a toda la creación a unirse a él en adoración al Señor.

El Salmo 108:1-5, donde David incluye una especie de programa de adoración. Empieza en el corazón dispuesto, que describe como una disposición interior que brinda al hombre la oportunidad de cantar y alabar a Dios desde la mañana; puede ser acompañada por instrumentos musicales; es para hacer entre todos los pueblos y naciones; está motivada por la eterna misericordia y la verdad de Dios; y culmina con la exaltación a Dios en toda la tierra.

Holocausto se refiere a una ofrenda que se quemaba por completo. Ver ejemplos en Éxodo 30:20; Levítico 5:12; 23:8, 25, 27.

El rey Salomón hijo de David, heredó de su padre la misión e instrucciones de construir el templo (1 Crónicas 28:11-19). El proyecto duró siete años. En 2 Crónicas 5:1-7 se narra la ceremonia de dedicación dónde todo el pueblo estuvo presente.

Lección 2 - La adoración en el Antiguo Testamento

El Arca del Pacto finalmente fue puesta dentro del templo en el lugar santísimo, después siguieron los sacrificios y Salomón mismo oró públicamente para dedicar el templo.

Es importante notar su actitud de humillación y adoración. Primero se arrodilló delante de Dios a los ojos del pueblo reunido, luego reconoció la imposibilidad de que este templo que él había levantado fuera digno para Dios, y habló desde su corazón pidiendo la misericordia de Dios y su perdón por sus pecados y los del Pueblo (2 Crónicas 6:12-42).

Como si fuera poco, Dios selló aquel momento con una poderosa demostración de su poder. Fuego del cielo descendió y quemó todas las ofrendas y sacrificios puestos en el altar. La gloria del Señor llenó el templo de tal manera que los sacerdotes no podían entrar. Después de eso, Salomón continuó ofreciendo sacrificios, 22,000 bueyes y 120,000 ovejas para dedicar el templo a Dios (2 Crónicas 7:1-5).

> En Levítico 10:1-12 podemos encontrar cuán exigente es Dios acerca de Su adoración. En este pasaje se proveen instrucciones precisas para que la adoración a Dios se haga con sumo cuidado y excelencia. Cuando los hijos de Aarón tomaron del incienso apartado para Dios, para otros usos, fueron fulminados en el acto (Levítico 10:1, 2).

ADORACIÓN DURANTE LA MONARQUÍA		
Adoración comunitaria • Concentrada en un lugar específico (Hebrón luego Jerusalem). • Adoración como punto de encuentro nacional.	La adoración se expresa en forma de cantos. • Se coleccionan los salmos. • Se integra al sistema litúrgico. • Músicos profesionales dedicados al servicio en el templo (Asaf, hijos de Coré y otros).	El reino Norte se divide y construye otro templo. • Los profetas es este período llaman al ambos pueblos a la adoración genuina.

Los Salmos del peregrinaje

Los Salmos son una expresión de adoración comunitaria.

En la etapa en que Israel se establece en la tierra de Canaán, los ojos de todo el pueblo estaban puestos sobre Jerusalén que representaba el lugar nacional de adoración.

Para cada varón de Israel, era una obligación moral presentarse delante del sacerdote cada año, y ofrecer sacrificio a Dios. Como consecuencia, multitudes emprendían largos viajes para llegar a la capital de la fe que estaba situada entre las montañas de Judá.

Los grupos de viaje o peregrinaje estaban integrados por varias familias que se acompañaban mutuamente durante el trayecto. La emoción de encaminarse a la Ciudad Santa, y la necesidad de hacer más ameno el viaje, originó un estallido de alabanza comunitaria, que los acompañaría durante todo el camino hacia Jerusalén.

Como resultado, hoy tenemos en el libro de los Salmos, una colección de los denominados "salmos de ascenso", desde el número 120 al 134. Estos Salmos, manifiestan la alegría del pueblo, describen los accidentes geográficos que constituían el paisaje, mencionan los peligros del viaje y relatan la experiencia de los fieles al estar en el Templo, observando a los sacerdotes en sus tareas sagradas (Salmos 122:2; 125:1-2; 121:1-8 y 134).

La Biblia resalta la influencia de David como salmista en 2 Samuel 23:1 y 2.

Alaba, alma mía, al SEÑOR; alabe todo mi ser su santo nombre.
Alaba, alma mía, al SEÑOR, y no olvides ninguno de sus beneficios.
Él perdona todos tus pecados y sana todas tus dolencias; él rescata tu vida del sepulcro y te cubre de amor y compasión; él colma de bienes tu vida y te rejuvenece como a las águilas.
(Salmo 103: 1-5)

¡Con todas las fuerzas de mi ser alabaré a mi Dios!
¡Con todas las fuerzas de mi ser lo alabaré y recordaré todas sus bondades!
Mi Dios me perdonó todo el mal que he hecho; me devolvió la salud, me libró de la muerte, ¡me llenó de amor y de ternura!
Mi Dios me da siempre todo lo mejor; ¡me hace fuerte como las águilas!
Salmo 103: 1-5
(Versión lenguaje sencillo).

¿Qué Aprendimos?

Los principios de adoración en el Antiguo Testamento y las características de la adoración en los diferentes tiempos o épocas de la vida del pueblo de Israel, antes de Cristo.

Lección 2 - La adoración en el Antiguo Testamento

Actividades

INSTRUCCIONES:

1. Hemos estudiado que Abraham construía un altar para adorar cerca de su vivienda. ¿Qué enseñanza práctica podemos sacar para nuestra vida hoy?
___

2. ¿Cuáles eran las responsabilidades del cabeza de la familia en cuanto a pasar la fe a las siguientes generaciones? ¿Piensa usted que esta es una responsabilidad importante todavía hoy? Explique por qué.
___

3. El hecho de que Dios diera instrucciones tan precisas sobre la adoración en el tiempo de Moisés, ¿qué nos enseña sobre cómo debemos ocuparnos para ofrecer una adoración que sea agradable a Dios?
___

4. Escoja 5 versículos del Salmo 103 para traducirlos en sus propias palabras y hacerlos su oración.
___

5. Escriba una reflexión personal sobre lo que nos enseña el Señor por medio del profeta Miqueas en 6:6-8 en cuanto a nuestra actitud para acercarnos a Él como adoradores.
___

Lección 3

La adoración en el Nuevo Testamento

Objetivos

- Comprender la enseñanza de Jesús sobre la adoración.
- Identificar los principios de adoración en Hechos, las cartas paulinas y Apocalipsis.

Ideas Principales

- Es necesario que la adoración al Señor sea guiada por el Espíritu de Dios que habita en nuestros corazones, y que sea sincera.
- El Nuevo Testamento resalta la importancia de reunirse con otros creyentes para adorar.

Introducción

Tenemos la tendencia a pensar que el Nuevo Testamento no contiene mucho material sobre la adoración, lo cual es un gran error. Posiblemente esto se debe a que el énfasis en estos libros no está sobre prácticas institucionalizadas de adoración. A pesar de esto, el Nuevo Testamento si habla de adoración, especialmente en las enseñanzas registradas de Jesús y del apóstol Pablo. Encontramos también el valioso ejemplo que nos brinda la Iglesia Primitiva en el libro de Hechos. Finalmente, en el libro de Apocalipsis se pueden encontrar sublimes ejemplos de adoración.

El Templo y la sinagoga

La importancia del Templo y las sinagogas.

Durante el ministerio de Juan el Bautista y de Jesús, el Templo remodelado por Herodes ya estaba habilitado. El sistema sacrificial y el ministerio sacerdotal, ocupaban un lugar privilegiado en la cultura Judía de aquel entonces.

Sin embargo, a partir del exilio babilónico hubo un cambio trascendente: el centro de la adoración y la enseñanza judaica ya no era más el Templo sino la sinagoga, cuyas funciones eran las de brindar educación espiritual a las familias judías en el exilio y abrir un espacio de adoración y culto a Dios. Fue así como las sinagogas empezaron a ser un lugar clave e influyente en la vida del pueblo judío.

Una de las características de la institución de la sinagoga y su impacto en el judaísmo, fue la diferencia en la adoración y la liturgia del pueblo, que contrastaba con aquella que se ofrecía en el templo.

En pocas palabras, era una adoración más directa y sencilla. En la sinagoga se daba oportunidad al diálogo, a la participación, a demostraciones espontáneas de gozo y de alabanza. Todo judío tenía oportunidad de recitar Salmos y hacer oraciones.

Juan Wesley en sus Notas al Nuevo Testamento traduce el sentido de las palabras de Jesús en Juan 4:22 así: "ustedes, samaritanos, ignoran, no sólo el lugar, sino el verdadero objeto de la adoración".

¿Cómo saber si nuestros actos de adoración o servicio a Dios son genuinos?

Jesús y la adoración

¿Cuáles son los principios que Jesús enseñó sobre la adoración?

En el Evangelio de Juan podemos leer el relato de Jesús cuando explicó a la mujer Samaritana lo que era la verdadera adoración (Juan 4:19-24). En primer lugar Jesús pone en claro que para Dios el lugar donde se encuentra el adorador no es lo más importante. Este asunto había generado siglos de disputas entre los judíos y los samaritanos.

Cada nación luchaba por imponerse como centro de las actividades religiosas. Para los samaritanos debía ser el Monte Gerizim, y para los judíos el templo de Jerusalén. Jesús sabía muy bien que la adoración no depende del lugar en que nos encontramos pues el Espíritu de Dios está en todo lugar. Esto es de suma importancia puesto que una parte grande de los primeros cristianos vivieron en tiempos en que el Templo fue destruido y ya no había un lugar centralizado dónde se pudiera ir a adorar a Dios.

En este pasaje Jesús, revela que la adoración verdadera parte del conocimiento de la verdad. Conocer quién es nuestro Dios es clave para brindar una adoración que sea agradable a Él. En Juan 4:23, Jesús también enseña a la mujer samaritana cómo adoran los adoradores verdaderos y señala dos aspectos muy importantes:

El primero es que los adoradores verdaderos adoran a Dios "en espíritu y en verdad". Esto significa mostrarse a Él con toda honestidad, sin ocultar nada, sin alguna especie de engaño, y sin simulación (Salmos 51:6).

El segundo aspecto de esta enseñanza es que Jesús enseñó que Dios mismo es quien busca este tipo de adoradores. Dios no acepta los sacrificios y las ofrendas si el adorador no tiene un espíritu recto delante de Él (Juan 4:23).

Por último, Jesús dijo que *"Dios es Espíritu, y quienes lo adoran deben hacerlo en espíritu y en verdad"* (Juan 4:24). La frase "quienes lo adoran" nos hace pensar que, hay quienes no le adoran.

Dios nos ha dado libre albedrío; Dios no fuerza a nadie a adorarle aunque vendrá un día cuando toda rodilla se doblará ante Él (Isaías 45:23, Filipenses 2:10). Con todo, es necesario que la adoración al Señor sea guiada por el Espíritu de Dios que habita en nuestros corazones y que sea sincera.

Enseñanzas de Jesús sobre la Adoración pública y privada.

En Mateo 6:1, Jesús enseña sobre la concordancia que debe existir entre la adoración pública y privada que brindamos a Dios. La prueba de la genuinidad de nuestra adoración, está declarada en la adoración que hacemos cuando nadie nos ve, es decir, la adoración que fluye naturalmente en nuestra vida cotidiana. Jesús se refirió por ejemplo a las ofrendas, las

¿Qué importancia tienen los sacramentos del bautismo y la Cena del Señor para nuestro crecimiento espiritual?

Muchos expertos de la Biblia señalan que el partir o romper el pan, era una ilustración clara del maltrato del cual sería víctima el cuerpo de Jesús, antes de su muerte. Si el pan partido representaba su cuerpo, la realidad de su próxima muerte quedó fuera de duda para sus discípulos.

Lección 3 - La adoración en el Nuevo Testamento

El bautismo de Jesús aparece descripto en cada uno de los evangelios sinópticos: Mateo 3:13-17, Marcos 1:9-11 y Lucas 3:21-22.

"Jesús le respondió: -Hazlo así por ahora, pues debemos cumplir con lo que Dios manda. Juan estuvo de acuerdo, y lo bautizó. Cuando Jesús salió del agua, vio que el cielo se abría y que el Espíritu de Dios bajaba sobre él en forma de paloma." Mateo 3:15-16 (Traducción en Lenguaje Actual)

¿Por qué Jesús tenía que ser bautizado?
Según G. Campbell Morgan, el bautismo de Jesús fue un acto público con el cual el Salvador se identificó con todos los pecadores. "Su bautismo fue el acto por el cual consentía en tomar su lugar entre los pecadores".

limosnas, la oración y el ayuno que son formas de adoración tanto en público como en privado (Mateo 6:2-3 y 16-17). El propósito de Jesús en cada caso fue animar a sus oyentes a mantener vida devocional de calidad tanto en público como en privado.

La Institución del Bautismo por Jesús (Mateo 3:15).

Los sacramentos del Bautismo y la Cena del Señor son eslabones importantes en nuestro crecimiento cristiano y en nuestra adoración.

Jesús instituyó el bautismo en agua cuando él mismo se presentó delante de Juan el Bautista para ser bautizado en el río Jordán. La conversación entre Juan y Jesús nos enseña que el bautismo es un acto de obediencia y un privilegio de cada creyente (y así "cumplir con lo que es justo").

Cada nuevo creyente debe ser bautizado en un acto público para dar testimonio del arrepentimiento de sus pecados y de su nueva vida en Cristo. El bautismo es un paso adelante en la vida espiritual de suma importancia, y no debe ser tomado a la ligera. El bautismo es la señal externa de la obra que el Espíritu Santo ha realizado en nuestros corazones al limpiarnos de nuestros pecados y darnos una nueva vida como hijos e hijas de Dios. El bautismo de los nuevos creyentes se estableció como práctica común en la historia de la Iglesia por mandato mismo del Señor (Mateo 28: 16-20).

La Institución de la Cena del Señor (Mateo 26: 26-30; Marcos 14:22-25 y Lucas 22:19-20).

En estos pasajes se narra el establecimiento de la Cena del Señor. Todos ellos son el testimonio de diferentes personas sobre un mismo suceso. Cada acto de Jesús en esta cena tiene mucho significado porque; (1) Jesús celebraba la Fiesta de la Pascua con sus discípulos, siendo esta la más importante de todas las fiestas judías; (2) Jesús utilizó el pan y la copa de la cena como "ayudas visuales" para hablar del significado de su muerte (Véase Isaías 53:3-5).

La Adoración en el libro de los Hechos

A continuación, conoceremos acerca de la adoración en la Iglesia Primitiva.

Al inicio en el Libro de los Hechos, podemos ver que los cristianos de la Iglesia Primitiva continuaban involucrados en las prácticas religiosas del Judaísmo; pues se tenía la esperanza de que todos los judíos abrazaran la nueva fe enseñada por Jesús.

Ellos esperaban que los judíos entenderían que Jesucristo era el Mesías que Dios les había prometido desde los tiempos de Abraham, y en consecuencia, se sumarían a este nuevo movimiento. Es así que al principio los discípulos continuaron asistiendo al Templo de Jerusalén y cumpliendo con las prácticas religiosas judías.

Los primeros cristianos sentían el deber de predicar el evangelio a los de su misma raza, quienes adoraban al mismo Dios. Es por ello que los apóstoles enseñaban el evangelio a los judíos en las sinagogas. No construyeron otro templo, ni edificaron una sinagoga aparte. Al principio fueron bienvenidos en las sinagogas y se les daba la oportunidad de hablar (Hechos 13:14-15).

En los Hechos hay mucha evidencia de que la Iglesia Primitiva también adoraba al Señor en reuniones caseras, especialmente en los tiempos de persecución.

Según los investigadores e historiadores del primer siglo, hubo entre los judíos algunos que vivían en lugares donde no habían sinagogas. Algunos tenían la costumbre de reunirse a orar y adorar el nombre de Cristo a orillas de un río (Hechos 16:13). La importancia de reunirse con otros creyentes para adorar quedó establecida desde los inicios de la Iglesia.

¿Cómo adoraban los primeros cristianos? Los primeros cristianos asistían al Templo de Jerusalén (Juan 10:23; Hechos 2:46; 3:1, 8, 11; 4:1 6; 5:12).

La adoración en las cartas paulinas

En esta parte de la lección estudiaremos la enseñanza de Pablo sobre adoración.

El apóstol Pablo también enseñó en sus cartas a las iglesias sobre la adoración. Algunos opinan que 1 Corintios capítulos 11 y 14 son respuestas del apóstol a cuestiones sobre las prácticas de adoración y del culto en las congregaciones. Por ejemplo, en esta carta se describen varias situaciones especiales: si las mujeres debían cubrir sus cabezas durante el culto (11:2-16); los abusos en la Cena del Señor (11:17-34), el tema de los dones espirituales y como usarlos (capítulos 12 y 14).

Pablo aborda estos problemas de una manera pastoral, partiendo de los principios bíblicos y de una comprensión clara de lo que significa una relación íntima con Cristo. Aunque habían elementos culturales comunes, como el uso del velo para las mujeres, la práctica del hablar en lenguas en los cultos, entre otros, que estaban causando desorden en las reuniones y malestar entre los creyentes. Pablo confronta estas prácticas que lesionaban el valor de la confraternidad y la unidad y debilitaban el carácter de Cristo que debía reflejarse en los creyentes.

Otro aspecto importante de adoración en las cartas paulinas es el significado profundo del término griego "*koinonia*", que significa un lazo social más profundo y genuino de lo que la palabra compañerismo implica. J. Donald Butler define *koinonia* como un "compañerismo con el Espíritu" que ilumina y enriquece cada relación del creyente, y aún más, la profundidad de amistad entre hermanos en Cristo (1 Corintios 10:16, Filipenses 1:5).

El sentido de *koinonia* también toca a cada creyente en su vida personal de adoración. En esto apreciamos la experiencia del apóstol Pablo desde su

Lección 3 - La adoración en el Nuevo Testamento

conversión cuando su vida fue transformada de tal manera que Cristo pasó a ser todo para él: su vida, su Señor, su modelo, su luz, su juez y gloria eterna. El exclamó *"con Cristo estoy juntamente crucificado, y ya no vivo yo, mas vive Cristo en mi; y lo que ahora vivo en la carne, lo vivo en la fe del hijo de Dios, el cual me amó y se entregó a si mismo por mi"* (Gálatas 2:20).

Su vida y ministerio se caracterizó por tener una visión cristocéntrica. Concibió a la iglesia como el Cuerpo de Cristo y nuestro cuerpo como templo del Espíritu Santo, lo cual da por sentado que le pertenecemos a Cristo. Enseñó que cuando el creyente entra en una relación personal con Cristo (conversión), el resultado es una nueva criatura creada a la imagen de Cristo.

En Gálatas 5:25 y Romanos 8 se explica lo que significa "andar en el Espíritu" y "vivir en el Espíritu". Cuando en los creyentes habita la vida de Cristo, su manera de vivir responde al hecho de haber sido puesto bajo una nueva soberanía. Su vida es guiada por el Espíritu. El Espíritu entra en la existencia real del creyente (2 Corintios 3:3).

El apóstol desarrolla también el tema de la libertad del pecado tomando como base el contexto de la adoración. Considera que la libertad no se obtiene por esfuerzos humanos sino por una entrega voluntaria a Jesucristo para servirle. Esta libertad está en función de los demás y ha de usarse en pro del bienestar de todos los miembros del Cuerpo de Cristo (Gálatas 5:1,13). Pablo interpreta y usa esta libertad en función de Cristo. Estar fuera de Cristo es estar "en la carne" y esclavizado a la ley del pecado, viviendo en libertinaje y ajeno a la voluntad de Dios (1 Corintios 1:30-31).

El apóstol recomienda a la iglesia en Éfeso: *"anímense unos a otros con salmos e himnos y canciones espirituales. Canten y alaben al Señor con el corazón, dando siempre gracias a Dios el Padre por todo, en el nombre de nuestro Señor Jesucristo"* (Efesios 5:19-20). "Canción espiritual" (*ose pneumatikos*) en el griego significa literalmente "canciones del aliento de Dios". Ello significa que son inspiradas por el Espíritu Santo. En otras palabras, son canciones compuestas de manera espontánea.

La adoración en Apocalipsis

El libro de Apocalipsis contiene descripciones sublimes de adoración.

En el libro de Apocalipsis hay muchas descripciones de adoración sumamente notables, pues son ejemplos de adoración celestial. En Apocalipsis 5:11-14 hay un cuadro detallado de la adoración alrededor del trono de Dios. En casi cada capítulo del libro hay alabanza y adoración.

Los adoradores dan gloria y honra y acción de gracias a Dios (4:9), cantan "el Cántico de Moisés y del Cordero" (5 y 15:3). En 5:8 "los cuatro seres vivientes y los veinticuatro ancianos se postran delante del Cordero;

Proskuneo en griego mayormente se traduce adorar, pero en ocasiones de traduce con el verbo "postrarse" como en Mateo 8:2; 9: 18; 15:25 y otros.

Proskuneo se encuentra 48 veces en el Nuevo Testamento, y 23 de estas 48 veces son en Apocalipsis.

"La relación en que la iglesia se encuentra con el Espíritu y la manera en que participa de Él, es determinada por su relación con Cristo, esto es, por su fe en Él" Efesios 3:16 (Ridderbos, 1979).

todos tienen arpas, y copas de oro llenas de incienso, que son las oraciones de los santos". En 7:11-12, todos los ángeles y los ancianos y todos los seres vivientes se postran sobre sus rostros delante de Dios.

El aspecto fundamental sobre adoración que enseña Apocalipsis, es el principio de que Dios es el único digno de recibir la adoración en todo el universo. En el capítulo 4:11 todos dicen: *"Señor, digno eres de recibir la gloria y la honra y el poder; porque tu creaste todas las cosas, y por tu voluntad existen y fueron creadas"*. Dios es digno de recibir toda adoración por ser el Creador y nuestro Salvador.

En Apocalipsis 5:12, la multitud adora a Cristo: "Cantaban con todas sus fuerzas: Digno es el Cordero, que ha sido sacrificado, de recibir el poder, la riqueza y la sabiduría, la fortaleza y la honra, la gloria y la alabanza."

En el Nuevo Testamento queda claro que sólo Dios Padre, Hijo y Espíritu Santo, son dignos de recibir adoración.

¿Qué Aprendimos?

Los principios de adoración en el Nuevo Testamento, nos ayudan a valorar que la adoración es tanto una necesidad como una prioridad en la vida de todo creyente y que debe basarse en una relación estrecha y personal con Jesucristo.

Lección 3 - La adoración en el Nuevo Testamento

Actividades

INSTRUCCIONES:

1. Pregúntate: ¿Me considero un verdadero adorador según las enseñanzas de Jesús en Juan 4:19-24?
___
___
___

2. Haz una lista de dos o tres de tus canciones cristianas favoritas. Analizando la letra de estas canciones ¿se puede decir que adoran a Dios? ¿Es adecuado el vocabulario que usan los autores de las mismas? ¿Por qué?
___
___
___
___
___
___

3. Escribe un breve testimonio de tu experiencia personal participando en el bautismo y la Cena del Señor, especialmente sobre cómo han aportado a tu crecimiento y afirmación en la fe.
___
___
___
___

4. En grupos de dos o tres integrantes preparen una pequeña encuesta para evaluar cómo se encuentra la "koinonía" en su iglesia local.
___
___
___

5. En los mismos grupos respondan ¿Cómo podemos enseñar a los nuevos creyentes a ser verdaderos adoradores?
___
___
___

Lección 4

La adoración como estilo de vida

Objetivos

- Comprender el significado de adoración como estilo de vida.
- Conocer las características de un verdadero adorador
- Aplicar dichos principios a la vida práctica, para evaluar nuestro compromiso con Dios.

Ideas Principales

- La adoración como estilo de vida tiene que ver con los valores, principios y creencias que orientan nuestra vida a los propósitos de Dios.
- Los verdaderos adoradores tienen una misión de servicio en su iglesia, su comunidad y el mundo, reflejando en su vida el carácter de Cristo y su señorío sobre sus vidas.

Introducción

Al examinar los principios bíblicos sobre la adoración, se comprende que adorar no es simplemente un acto, una expresión de alabanza, sino algo más profundo que se refleja en la forma en que vivimos y que tiene implicaciones morales y espirituales.

¿Qué es un estilo de vida?
Estilo de vida se refiere a la forma de comprender la existencia que resulta en una forma de ser, vivir y relacionarse con otros.

Esta lección busca ayudar al creyente a responder los siguientes interrogantes: ¿Bajo qué valores conduzco mi vida en cada una de las áreas en las que me desenvuelvo como individuo? ¿Qué cualidades y hábitos de mi vida me identifican como un verdadero adorador? ¿Bajo qué principios bíblicos están cimentadas mi conducta, fe, obediencia, servicio y adoración a Dios?

Adoración y obediencia

Un estilo de vida de adoración se basa en el conocimiento de la Palabra

Muchas personas piensan que pueden adorar a Dios y al mismo tiempo llevar un estilo de vida indiferente y sin compromiso. Algunos inclusive siguen practicando un estilo de vida pecaminoso.

La adoración como estilo de vida tiene que ver con aquellos valores, principios y creencias que enfocan tu vida en la persona y propósitos de Dios.

Los Evangelios registran el momento cuando Jesús fue tentado por Satanás, y Jesús responde con firmeza ante sus intenciones de desviarlo de su misión y del enfoque correcto de la adoración verdadera: *"Entonces Jesús le dijo: vete, Satanás porque escrito esta: Al Señor tu Dios adorarás, y a él solo servirás"* (Mateo 4:10).

La adoración falsa resulta de la ignorancia o la indiferencia a la Palabra, mientras que la adoración verdadera es interna (espiritual) centrada en una relación íntima y personal con Dios.

La adoración como estilo de vida del creyente tiene que ver con aceptar el señorío de Cristo y someterse a las enseñanzas de la Palabra. Como resultado, la adoración del creyente concuerda con su conducta, por la sencilla razón de que toda adoración verdadera parte de un cambio espiritual que transforma la vida desde adentro hacia afuera (2 Corintios 5:17). El Dios en que creemos se refleja en la forma en la que vivimos.

Adorar en espíritu

¿Qué es adorar en espíritu?

San Juan 4:24 dice: *"Dios es Espíritu; y los que adoran en espíritu y en verdad es necesario que adoren"* (VRV 1995). Este pasaje nos da a entender que hay adoración verdadera y hay adoración falsa. La adoración verdadera tiene dos características fundamentales: adorar en espíritu y adorar en verdad.

Adorar en espíritu se refiere a que la adoración es una actividad que se realiza desde el ámbito espiritual de nuestro ser. Sin embargo, en este acto participan también nuestro cuerpo, nuestra mente y nuestras emociones.

La Biblia enseña que el ser humano fue creado a imagen y semejanza de Dios, por lo tanto tiene la facultad de entrar en comunión con su Creador por medio de su espíritu, el cual le permite responder a Dios. María, la madre del Señor, expresó: *"mi alma glorifica al Señor, y mi espíritu se regocija en Dios mi Salvador"* (Lucas 1:46-47).

Esto quiere decir que la verdadera adoración involucra todas nuestras facultades tanto espirituales como mentales y emocionales, y que el acto de adoración involucra a todo nuestro ser.

La adoración "en espíritu", requiere la sinceridad del corazón, de la mente, de las actitudes y una manera genuina de expresar reverencia a Dios. La adoración en espíritu, es más que solo un rito externo; es el espíritu del hombre que se comunica con el Espíritu de Dios.

Valores: cualidades, ideales y normas que guían a una persona o institución.
La vida como don divino tiene valor supremo, el hombre y la mujer son responsables ante su Creador por su conducta y la forma en que la administran.

Adorar en verdad

¿Qué es adorar en verdad?

Adorar en verdad, se refiere a la calidad de la adoración. La adoración de calidad se distingue por lo siguiente:

Se basa en el conocimiento de quién es Dios
(Lucas 24:17-48; Efesios 3:14-19)

La adoración verdadera involucra la mente. Esto quiere decir la comprensión de quien es Dios en cuanto a su naturaleza, su obra y su carácter. Jesús vino para que la gente conociera a Dios por medio de su vida, sus enseñanzas y su obra de salvación en la cruz.

Jesús sabía que no hay adoración verdadera si no hay comprensión significativa de lo que se cree y se adora. No podemos adorar verdaderamente lo que no conocemos. Por eso Jesús tomó tiempo para enseñar a sus discípulos que Él había venido a cumplir las Escrituras. Abrió sus ojos y su entendimiento para que comprendiesen quién era y cuál era el porqué y el para qué de todo cuanto hacía.

Fuimos creados con la necesidad de conocer íntimamente al Creador y el no hacerlo es una carencia que impide que podamos ser plenamente felices. Adorar está programado en nuestra naturaleza humana y por eso los seres humanos siempre tienen algún objeto o sujeto de adoración. Lamentablemente por falta de luz muchos adoran a dioses falsos que no pueden salvarles, ni llenar sus necesidades espirituales.

Debe estar centrada en Jesucristo
(Hechos 17:24-31; Romanos 8:5-6)

El Dios en que creemos se refleja en la forma en que vivimos.

La adoración es el resultado de una relación íntima con Dios, que se logra a través de un encuentro personal con Cristo. La adoración se basa en la comunión con Jesús a través de su Palabra, la oración, la meditación, el servicio, la adoración privada y congregacional.

Juan 14:6 dice lo que es Jesucristo en su naturaleza, su carácter y su propósito para con los seres humanos: *"Jesús les dijo: Yo soy el camino, la Verdad y la Vida, nadie viene al Padres si no es por mi"* (RVR 1995). De igual forma el libro de los Hechos declara *"y en ningún otro hay salvación; porque no hay otro nombre bajo el cielo, dado a los hombres, en que podamos ser salvos"* (Hechos 4:12).

¿Cuál es la razón del por qué la adoración debe estar centrada en Jesucristo? La razón sencilla y primordial es porque Él, es el único Dios verdadero, y Él es la verdad, y fuera de Él, todo acto de adoración que exprese el hombre se denomina idolatría.

Se fundamenta en la Palabra
(Salmos 119: 97-105; 1 Juan 5:1-13)

Adorar a Dios es uno de los propósitos para el cual fuimos creados (Isaías 43:6,7 y Efesios 1:12).

No basta adorar con sinceridad, se necesita adorar según la verdad de la Palabra de Dios. En este aspecto entran en juego tres preguntas importantes: a quién se adora, porqué se adora y cómo se adora. La Biblia como fuente de autoridad, revelación y verdad nos da a conocer como el hombre debe acercarse a Dios y expresar su alabanza a su Creador y Redentor. Ella brinda el fundamento correcto que convence la mente y el espíritu del hombre, y lo aleja de todo egoísmo y egocentrismo en la adoración.

La adoración verdadera no parte de lo que el hombre considere valioso y sagrado, de su filosofía de la vida, de la satisfacción de sus necesidades, sino de lo que la Biblia revela acerca de Dios y del ser humano. San Juan 17:17 dice: *"Tu Palabra es verdad"* (RVR 1995). La verdadera adoración se fortalece al aprender más de Dios por medio de su Palabra.

Tiene el propósito de agradar a Dios en todo
(1 Corintios 4:2)

Las motivaciones de nuestro corazón deben ser sinceras, no basadas en las apariencias, sino en la intención de agradar a Dios en todo lo que hacemos en el diario vivir. Por ejemplo: hablar la verdad en todo tiempo, ser honestos al cumplir en el trabajo, ser leales en nuestras convicciones cristianas, conducirnos santamente en nuestras relaciones interpersonales en el matrimonio, la familia, la iglesia y el trabajo.

Lo antes mencionado, tiene que ver con la integridad, tanto interna como externa del creyente, que se traduce como el "ser fiel a Dios en todo". Esto significa reflejar en el mundo con hechos concretos que nuestra vida adora a Dios (Salmos 24:3-4).

La obediencia es la manera más sublime de demostrar a Dios cuanto le amamos y respetamos *"...ciertamente el obedecer es mejor que los sacrificios, y el prestar atención que la grosura de los carneros"* (1 Samuel 15:22).

El adorar a Dios es fuente de bienestar a los seres humanos.

¿Cómo ser un mejor adorador?

En esta sección veremos una guía practica para ser mejores adoradores

La adoración en espíritu se refiere al espíritu del hombre comunicándose con el Espíritu de Dios.

1. Enfocar la adoración en Dios.

Todo el programa en nuestros servicios de adoración individual y congregacional debe estar diseñado para enfocar nuestra atención hacia a Dios y concentrar nuestro pensamiento en Él.

La adoración no consiste en lo que voy a recibir, sino en lo que expreso con todo mí ser, respecto a lo que Dios es: *"Bendice alma mía a Jehová y bendiga todo mi ser su santo nombre"* (Salmos 103:1).

La vida del verdadero adorador, está enfocada en lo que es Dios y sus propósitos. Cuán importante sería que nuestras iglesias tomaran un tiempo para evaluar los distintos elementos del culto, la predicación, la oración pública, la dirección de los cantos, la celebración de la Santa Cena, la música, las ofrendas, y preguntarnos: ¿La forma en que se llevan a cabo todos estos momentos del culto... realmente le brindan gloria a Dios?

¿Tus metas y aspiraciones giran alrededor de quién es Dios?

Recordemos que la adoración es la respuesta natural del corazón del creyente cuando hay una clara comprensión de la presencia y el carácter de Dios.

2. Comprometerse con vivir en santidad.

Las Escrituras dan profunda evidencia de que la persona que se acerca a Dios, debe separarse de toda especie de mal, porque la misma naturaleza de Dios lo demanda (1 Pedro 1:16). Todo aquel que desea acercarse a Dios debe tener un afán o necesidad personal de santidad en la vida.

Ejemplos de estilo de vida de adoración en la Biblia
Job - 1:20
David - 2 Samuel 12:20

Lección 4 - La adoración como estilo de vida

> *"Dios se deleita en la vida de los adoradores, nada le agrada más que la calidad de vida que demuestra el adorador. Es conveniente, pues, que el creyente se proponga agradarle imitando a Cristo en todo"* (Sorge, 1987).

Santidad es lo opuesto a una vida en el pecado. Se entiende como amar a Dios con todo nuestro ser, obedecerle en todo y servirle esforzadamente. La adoración a Dios debe proceder de un corazón puro y lleno del amor santo de Dios. De igual forma el autor de Hebreos declara que la santidad es la condición para ver a Dios (Hebreos 12:14). La santidad no es solamente una doctrina, es el fundamento de una vida victoriosa, enriquecida por la presencia de Dios; es vivir conforme al ejemplo de Cristo.

La adoración agradable a Dios procede de una vida santa. El apóstol Pablo dice que los hombres deben levantar su manos "con pureza de corazón, sin enojos ni contiendas" (1 Timoteo 2:8).

Nuestras relaciones con nuestros semejantes deben ser motivadas por el amor (Mateo 5:24, 1 Juan 4:20). Asimismo, se exhorta a los esposos a tratar con respeto a sus esposas honrándolas, a fin de que nada estorbe sus oraciones (1 Pedro 3:7).

3. Adorar en privado y con el pueblo de Dios.

Algunas personas creen que la verdadera adoración se da cuando se realiza en la congregación, pero no se dan cuenta que el secreto del culto público está en la devoción privada, que se caracteriza primordialmente por la disciplina intensa de la oración (Mateo 6:6).

La Biblia enseña que la adoración privada es muy importante para el crecimiento espiritual (Éxodo 29:38-39; Salmo 55:17; Daniel 6:10).

> *"Adorar es avivar la conciencia mediante la santidad de Dios, alimentar la mente con la voluntad de Dios, purgar la imaginación con la belleza de Dios, abrir el corazón al amor de Dios, y dedicar la voluntad al propósito de Dios"* (William Temple).

Muchos cristianos en nuestros días, creen que pueden ser verdaderos adoradores sin la necesidad de congregarse en una iglesia.

No hay que minimizar el efecto saludable de la adoración colectiva significativa. El orden, regularidad, y disciplina de asistir a la iglesia son siempre expresiones de nuestra fidelidad personal. La adoración colectiva es mucho más rica si surge de una experiencia de encuentro diario intencional con Dios.

4. Servir a otros.

Las palabras bíblicas adoración y servicio derivan del mismo término. Ambas se usan en relación al servicio a Dios, ya sea en el templo como en la vida diaria. Esto nos permite entender que cuando Dios nos llama y nos busca para tener una relación intima con Él, no están desligados sus propósitos al asignarnos una tarea divina de servicio al prójimo (Mateo 28:17-20). Estamos llamados a ser siempre nada menos que la encarnación de su amor.

No se debe confundir el activismo con adoración o, el servicio sin relación personal con Cristo. El apóstol Pablo advierte sobre lo inútil de repartir todos los bienes, dar de comer al pobre, y aun entregar el cuerpo en sacrificio, sin no hay amor (1 Corintios 13:3).

En su afán por servir al Señor, hay personas que descuidan el amor a Él. Jesús se refirió a eso, al decir: *"porque escrito está: Al Señor tu Dios adorarás, y a él solo servirás"* (Mateo 4:10), por tanto, el dedicar mucho tiempo al servicio a otros nunca debe sustituir la adoración.

> *"La adoración...es una práctica que nos introduce en el trono de la gracia para recibir la bendición divina. Es un hilo que une al hombre con el mundo celestial. Esta adoración transforma, robustece en forma integral la vida del hombre, satisface toda necesidad, da felicidad y paz al alma, impulsa la acción evangelística y fortalece las bases doctrinales de la iglesia de Cristo"* (Cuxum, 2001).

¿Qué Aprendimos?

Un estilo de vida de adoración consiste en una vida enfocada en Dios y en sus propósitos. Es una vida que cultiva una relación viva y personal con Jesucristo, está llena del amor de Dios y se mantiene lejos del pecado. Los verdaderos adoradores tienen una misión de servicio en su iglesia, su pueblo y nación, reflejando el carácter de Cristo y su señorío sobre sus vidas.

Lección 4 - La adoración como estilo de vida

Actividades

Tiempo 20'

INSTRUCCIONES:

1. **Pregúntate:** ¿Has sentido alguna vez un fuerte sentido de la presencia de Dios cuando le adoras en forma privada o colectiva? ¿en qué momento?

_____
_____
_____
_____

2. **Evalúa:** ¿qué tanto está tu vida actualmente enfocada en los valores, los principios y los propósitos de Dios?

_____
_____
_____
_____

3. Escribe una reflexión personal sobre la siguiente definición: "La adoración es la respuesta de nuestro espíritu al Espíritu de Dios. La adoración que agrada a Dios es profundamente emocional y doctrinal" (Rick Warren).

_____
_____
_____
_____

4. **Actividad para toda la clase:** Definiciones negociadas. Para cada paso se asigna un minuto de tiempo).

Primer paso: Cada alumno escribe en sus propias palabras una definición corta respondiendo a la pregunta: ¿qué es un estilo de vida de adoración? (no más de 12 palabras).

Segundo paso: En grupos de dos estudiantes negocian ambas definiciones y escriben una sola.

Tercer paso: Se agrupan de a cuatro estudiantes (dos de los grupos del segundo paso) y vuelven a negociar sus dos definiciones hasta que quede una sola.

Cuarto paso: se repite el proceso aumentando a ocho estudiantes.

Quinto paso: Cada grupo de los anteriores nombra un representante que negocia con los representantes de los otros grupos hasta obtener una sola definición de toda la clase en no más de 12 palabras y la escriben en la pizarra para que todos puedan leerla.

Lección 5

La adoración congregacional

Objetivos

- Estudiar los elementos y eventos de la adoración en el culto.
- Conocer la importancia de la planificación del culto.
- Discernir criterios para la planificación del culto.

Ideas Principales

- Una buena planificación facilita la obra del Espíritu Santo transformando a la congregación.
- Una sabia planificación distribuye los elementos del culto significativamente para la vida de los adoradores.

Introducción

Entre las muchas formas de expresión de la adoración, vale resaltar una en especial que es: la adoración de la comunidad eclesial, donde la congregación unánime y en armonía celebra las grandezas de Dios.

Un culto excelente no ocurre por sí solo, es producto del esfuerzo y la preocupación del pastor o pastora, de los líderes y de la congregación.

El propósito del culto

Es necesario definir el propósito de cada culto.

Cada culto debe tener un propósito u objetivo general. Es importante preguntarse: ¿cuáles son los propósitos de los cultos que tenemos en nuestra iglesia? Habrá cultos de evangelismo, de santificación, de sanidad, de celebración, de Santa Cena o Bautismo, entre otros.

Es importante que los cultos de Santa Cena o Bautismo sean cultos especiales en lugar de que estos eventos sean una parte en el programa del culto. Es decir, estos sacramentos requieren que se les dé la atención necesaria, deben tener la presentación y colocación que les corresponde dentro del culto, por su gran significado y propósito de crecimiento espiritual.

El culto debe ser integral, es decir todos sus momentos se deben relacionar a un eje temático. En un culto fúnebre, por ejemplo, los elementos del culto deben estar dispuestos de tal manera que los creyentes pueden recibir un mensaje de consuelo y esperanza.

El culto debe ser tener una progresión lógica en sus distintos elementos organizados de manera de ir llevando a la congregación a concentrarse en el objetivo central. La ausencia de coherencia entre los elementos del culto le resta significado en la vida de las personas. Una canción puede ser útil para disponer la mente y el corazón del creyente a escuchar y discernir el mensaje del predicador; una lectura bíblica complementaria puede apoyar el entendimiento de un tema dentro del sermón. Una secuencia de canciones, un testimonio específico que guarden la relación con el "tema-énfasis" pueden tener un efecto profundo en la edificación de la iglesia.

Hay muchos aspectos a considerar en la planificación del culto. Es necesario pensar en el propósito general de cada servicio y preveer lo que requiere cada momento, además es necesario considerar el momento histórico de la iglesia, o las circunstancias por las que atraviesa.

La reunión de los creyentes en el nombre del Señor Jesucristo de por sí, es un evento sagrado y digno de celebrarse con excelencia ya que es Jesucristo mismo el que nos convoca a reunirnos.

Es beneficioso que los líderes y el comité o ministerio de adoración evalúen periódicamente, el desarrollo, la evolución y el uso de cada elemento del culto, con el fin de identificar las debilidades y fortalezas de los programas y así mejorarlos.

Momentos del programa en el culto público

Los momentos del culto deben planearse de acuerdo a objetivos específicos.

Para confeccionar el programa de un culto que exalte a Cristo y contribuya con el crecimiento de la Iglesia, deben tomarse en cuenta los siguientes objetivos específicos:

Objetivos específicos que el culto debe tener:

- Proveer momentos para el encuentro con Dios en medio de la adoración y la alabanza.

- Proveer tiempo de meditación y confesión de pecado.

- Tener espacio de celebración y oportunidades para la Acción de Gracias.

- Ministrar por medio de la oración por las necesidades.

- Proveer oportunidades para dar (ofrendar) y recibir (afirmación).

- Tener espacio para responder con compromiso y consagración.

Cada uno de estos objetivos específicos merece explicación, sin embargo, por razones de espacio, solamente hemos de tratar algunos en particular.

Tiempo de meditación y confesión.

Los creyentes y los no-creyentes necesitan tiempo y oportunidad para reflexionar sobre sus vidas y orar por su necesidad espiritual. No tiene que ser un tiempo largo, ni la misma cantidad o tener el mismo formato cada semana. Este tiempo debe ser directamente proporcional a la necesidad de la congregación. El propósito de este tiempo es que los creyentes puedan evaluar sus vidas y pedir perdón si han ofendido a Dios en sus pensamientos, en sus palabras o en sus acciones durante la semana.

Momentos de celebración.

En el culto debe haber oportunidad de celebrar el gozo de ser seguidores de Cristo y de ser parte de su pueblo. Cada domingo, la Iglesia celebra la resurrección de Jesús, que ocurrió el primer día de la semana. A pesar de las pruebas y dificultades de la vida, una iglesia tiene muchos motivos para celebrar.

Oportunidades de acción de gracias.

Cuando Dios obra en la vida de cada creyente en forma natural fluye la gratitud y la adoración como respuesta a la gracia recibida. El culto debe

"Creemos en la Iglesia, la comunidad que confiesa a Jesucristo como Señor, el Pueblo del Pacto de Dios renovado en Cristo, el Cuerpo de Cristo llamado a ser uno por el Espíritu Santo mediante la Palabra. Dios llama a la iglesia a expresar su vida en la unidad y comunión del Espíritu; en adoración por medio de la Predicación de la Palabra, en la observancia de los Sacramentos y al ministrar en Su nombre; por la obediencia a Cristo y la responsabilidad mutua". (Manual Iglesia del Nazareno, Artículo de Fe nro. 11)

proveer espacios para que esa gratitud o acción de gracias se manifieste. Quienes lideran el servicio deben guiar a la congregación y mostrarle la variedad de formas de expresar esa gratitud al Señor.

Oportunidades para dar y recibir.

Los creyentes tienen una necesidad profunda de ser consolidados o afirmados en su fe. Necesitan el fortalecimiento de sus creencias porque cada día enfrentan en el mundo tentaciones y fuerzas espirituales de maldad que tratan de hacerles dudar y abandonar su fe. A fin de tener fortaleza para resistir "los deseos de la carne, los deseos de los ojos y la vanagloria de la vida" necesitan escuchar palabras de aliento y confort para sus almas, a través de la Palabra y las palabras de Sus siervos (Efesios 3: 14-21).

La lectura bíblica.

La lectura bíblica debe ocupar un lugar de importancia central en el culto. La lectura bíblica debe hacerse con respeto y excelencia. El lector debe leer bien y tener una buena voz y pronunciación. Los diferentes tipos de literatura bíblica como poesía, historias, dramas, etc. deben ser leídos apropiadamente. La lectura correcta de un pasaje, debe conducir a la reflexión de quien lee y escucha (Salmos 19: 7-10) por eso debe hacerse en una versión comprensible a la congregación.

El lugar del altar en el culto

Todo sermón debería estimular a los oyentes a hacer un compromiso con Dios. En un sermón sobre el llamado al ministerio por ejemplo, muchos escucharán la voz de Dios invitándoles a consagrar sus vidas en favor de la misión. Este momento es importante para las vidas de las personas y por ello debe tener el lugar que se merece dentro del programa y planificarse con mucho cuidado.

El momento del altar es el momento cumbre del culto donde el objetivo planeado se concreta en la vida de quienes que responden al llamado de Dios. Con una adecuada planificación y la ayuda del Espíritu Santo, los momentos de altar pueden marcar la diferencia en las vidas de las personas.

La importancia de la planificación

Un excelente culto es el resultado de la buena planificación.

La responsabilidad de los planificadores del culto es el promover el ambiente para una adoración en espíritu y en verdad. El pastor y el equipo de adoración, deben trabajar juntos para planear un excelente culto de adoración, reconociendo que por encima sus habilidades y talentos, está el poder del Espíritu Santo.

La planificación no reemplaza al Espíritu Santo, pero el Espíritu si puede obrar por medio de una buena planificación. La improvisación es sinónimo

---

Acción de gracias: respuesta del pueblo a la gracia (regalo inmerecido) recibida por parte de Dios.

Liturgia: forma con que se llevan a cabo las ceremonias de una religión, como servicios del templo, el ejercicio público de la religión y el culto espiritual comunitario.

Los creyentes no pueden adorar con libertad cuando tienen cuentas pendientes con su Señor. Los tiempos de alabanza y oración en el culto son buenos para recibir su perdón, aún antes de que el sermón empiece.

de irresponsabilidad, y Dios quiere que sus siervos sean diligentes. El Espíritu Santo puede inspirar a sus siervos, en todo el proceso y tiempo de planificación (Levítico 8, Lucas 12:7-20).

La planificación puede hacer la diferencia en el ministerio de adoración de muchas iglesias, y puede contribuir significativamente, a transformar las vidas de los adoradores (la congregación, el pastor y el líder de adoración).

Hay muchas maneras de planificar un culto pero para ello es muy importante tener presente su propósito principal. Un culto programado con propósito requiere de lo siguiente:

- El pastor o pastora solicita al equipo del ministerio de adoración confeccionar un programa basado en el tema de su sermón (el objetivo).

- Los músicos buscarán incluir en el culto algunos himnos y/o canciones relacionados a este tema.

- La lectura bíblica también puede ser de un pasaje complementario al texto del sermón.

- Una canción especial puede contribuir en resaltar el tema del culto.

- Las palabras de introducción al culto pueden servir para acentuar este énfasis del mensaje, tanto como cada evento del culto.

No hace falta que el énfasis sea demasiado explícito, puede ser sutil. Por otro lado, sería un total desperdicio planear un culto sin ninguna conexión (implícita o explícita) con el mensaje del predicador. Es importante también, variar el orden del programa del culto y ser creativos para incluir variedad y crear un ambiente de expectación a lo que Dios va a hacer en la vida de su pueblo.

Nunca debe usarse el culto o la predicación para "regañar" a los creyentes. Cuando hay personas que necesitan ser corregidas es mucho más correcto y efectivo que los líderes espirituales los confronten en forma personal y privada.

Ejemplos de actividades o momentos dentro del culto: Alabanzas, oración, testimonios diezmos y ofrendas, sacramentos (cuando es la ocasión), lectura Bíblica, canción especial, momentos artísticos, etc.

El culto de Bautismo y Cena del Señor

Los cultos en los que se imparten sacramentos merecen una planeación adecuada.

El bautismo es un acto que marca la vida de todo creyente en su etapa inicial de la vida cristiana. En la planificación del culto de bautismos hay muchos detalles a considerar. Por ejemplo, habrá que preguntarse, ¿Dónde va a llevarse a cabo? ¿Cómo va a hacerse? ¿Cuántas personas serán bautizadas? ¿En qué parte participan los nuevos creyentes? ¿Cuál será el orden del programa? ¿Cómo usar este culto para animar a otros a tener un encuentro personal con Cristo, a iniciar clases de discipulado y unirse a la familia de Dios por medio del bautismo?

El culto de la Cena del Señor debe celebrarse con frecuencia. El Manual de la Iglesia del Nazareno dice que los pastores deben administrar el sacramento de la Santa Cena por lo menos una vez cada tres meses (Manual 2005-2009: artículo 413.11), aunque son muchas las iglesias que lo celebran

La duración del culto aunque breve puede ser bien aprovechada. El culto es para la adoración del Señor y para la edificación de la congregación. Realizarlo con excelencia demandará poner todo el corazón, mente, alma y fuerzas en la planificación.

Lección 5 - La adoración congregacional

> *Como cristianos, creemos que Dios sana a los enfermos. El Manual de la Iglesia del Nazareno dice: "Creemos en la doctrina bíblica de la sanidad divina e instamos a nuestra feligresía a buscar oportunidad para hacer oración de fe para la sanidad de los enfermos" (Artículo de Fe No.14).*

un domingo al mes. La Cena del Señor es rica en significado y hay varias formas de celebrarla. El culto de la Cena del Señor conmemora el sacrificio de nuestro Señor Jesús (1 Corintios. 11:26). Sin embargo, hay muchas enseñanzas relacionadas a este sacramento. Por ejemplo: la conexión entre la Cena del Señor y la Pascua (Éxodo 12), la celebración de la resurrección de Jesús y su reino venidero (Lucas 22:16); el aspecto comunitario de la adoración mediada por Cristo (1 Corintios 10:16-17 o Juan 17:20-23); que Cristo es el pan de vida (Juan 6:53); la conexión entre el pan como símbolo del cuerpo de Cristo, roto por nosotros y el Cuerpo de Cristo que es la Iglesia (Efesios 5:25-27), entre otros.

La planificación de cultos especiales

Los cultos especiales requieren una planeación diferente.

En los cultos especiales, se pueden celebrar un sinnúmero de momentos significativos. Dichos eventos pueden ser inolvidables, o sencillamente pasar desapercibidos si no son bien aprovechados. Muchas de estas ocasiones son oportunidades valiosas para vincular a la congregación con la comunidad.

Cultos de testimonios y acción de gracias

Un testimonio de un creyente nuevo, de una experiencia de sanidad, o de la providencia y protección de Dios, son herramientas que el Señor usa para impactar la vida de muchas personas. Estos cultos pueden servir a los siguientes propósitos:

√ Glorificar a Dios públicamente por sus obras milagrosas.

√ Evangelismo.

√ Santificación.

√ Ungir y orar por los enfermos.

√ Promover los ministerios de evangelismo y discipulado.

√ Llamado al ministerio (pastoral o laico).

√ Promover un curso nuevo: como un curso de administración de las finanzas personales, un curso para padres con hijos adolescentes, etc.

Días especiales y fechas conmemorativas

Durante el transcurso del año, hay momentos excepcionales que merecen ser celebrados como el aniversario de la iglesia, el aniversario de la Iglesia del Nazareno, el día del pastor, el día del maestro, un reconocimiento al servicio de un hermano o hermana de la iglesia; la dedicación de un edificio, la organización de una iglesia, la presentación e instalación del nuevo pastor o un homenaje al pastor que se jubila, entre muchos otros.

> *El culto cristiano no debe ser un "show" o espectáculo para complacer o entretener a los asistentes.*

Cualquier momento especial de la iglesia o de la comunidad, puede ser aprovechado como un evento especial en la vida de la congregación.

El calendario cristiano está lleno de fechas conmemorativas que se deben celebrar, como ser: Semana Santa, Domingo de Resurrección, Pentecostés y Navidad, entre otras. También hay días especiales del calendario como son: el día de madre, día del padre, y día del niño. Estos días, pueden celebrarse en el culto dominical o bien en otros días y horarios.

Las fechas especiales son excelentes para invitar a amigos y vecinos de la comunidad.

	MODELO DE UN PROGRAMA DEVOCIONAL DE CULTO DEL DÍA DOMINGO		
	Tiempo	Contenido	Observaciones
1	10:00 a 10:05	Preludio musical	
2	10:05 a 10:10	Invocación	Oración de dedicación del culto a Dios
3	10:10 a 10:15	Canto congregacional	Para concentrar la mente en Dios
4	10:15 a 10:20	Oración pastoral	
5	10:20 a 10:50	Alabanza y Adoración	
6	10:50 a 11:55	Lectura bíblica	
7	10:55 a 11:10	Ofrendas y diezmos	
8	11:10 a 11:30	Actividad especial	(puede ser: presentación de niños, santa cena, etc.)
9	11:30 a 12:10	Mensaje	
10	12:10 a 12:20	Llamamiento al altar	
11	12:25 a 12:30	Oración de bendición	
12	12:30 a 12:35	Postludio musical	

¿Qué Aprendimos?

En la planeación del culto a Dios se deben tener objetivos claros y planear cada parte del programa con sumo cuidado a fin de que cada culto sea una experiencia transformadora de celebración y de fortalecimiento espiritual en la vida de la congregación.

Lección 5 - La adoración congregacional

Actividades

INSTRUCCIONES:

1. En esta época los creyentes tienen diferentes versiones de la Biblia por lo cual hay que tener cuidado al planear los tiempos de lectura en el culto. Por ejemplo cuando se planean lecturas públicas en forma alternada.... ¿Qué sugerencias se pueden dar para que este momento sea realmente de escuchar la Palabra de Dios en lugar de muchas voces sin coordinación?

_____
_____
_____
_____
_____

2. Uno de los momentos que requiere creatividad en los cultos de bautismo es el tiempo de "secado y cambio de ropa" después de los bautismos. Por lo general se llena este espacio con otro tiempo adicional de alabanzas, sin embargo ningún momento del culto debe ser simplemente para "rellenar" el tiempo. ¿Qué ideas puedes dar para aprovechar este momento y que sea significativo?

_____
_____
_____
_____
_____

3. En grupos de 3 o 4 evalúen los programas de los cultos de adoración en su iglesia. ¿Tienen los cultos un objetivo claro y este se cumple por medio del programa? ¿Se logran cumplir en los cultos los objetivos específicos? Compartan con el resto de la clase en forma crítica pero constructiva.

_____
_____
_____
_____
_____

4. En los mismos grupos diseñen un programa para un culto de adoración "diferente" a los que normalmente se realizan en su iglesia local, pero que contenga todos los objetivos específicos estudiados en la lección.

_____
_____
_____
_____

Lección 6

El Espíritu Santo y la adoración

Objetivos

- Conocer ¿quién es y qué hace el Espíritu Santo?

- Comprender que sólo el Espíritu nos hace verdaderos adoradores.

Ideas Principales

- El mismo Espíritu que habitó en Jesús es el que vive en sus hijos e hijas.
- El Espíritu Santo nos capacita para amar más a Dios.
- Sólo siendo templos del Espíritu Santo podemos adorar a Dios en Espíritu y en verdad.

Introducción

En la creación del mundo, narrada en Génesis 1 y 2 podemos ver al Espíritu de Dios en acción y luego en el Antiguo Testamento lo encontramos transmitiendo a los profetas el mensaje de Dios (Ezequiel 11:5). En el Nuevo Testamento se revela junto con la persona de Jesucristo, dirigiendo su vida y su ministerio. Al ascender al cielo Jesucristo dejó su iglesia al cuidado del Espíritu Santo.

El Espíritu es el agente divino que actúa en los hijos de Dios impartiéndoles vida espiritual y eterna, recreando en ellos la imagen de Dios que fue distorsionada por el pecado, enseñándoles a vivir en santidad y guiándoles en la misión de alcanzar a los perdidos. El Espíritu revela al Hijo y conduce al cristiano a toda verdad.

El Espíritu Santo en el Antiguo Testamento

En el Antiguo Testamento el Espíritu ungió a los líderes del pueblo de Dios.

En el Antiguo Testamento el Espíritu recibe los nombres de: "Espíritu" (Génesis 6:3), "Espíritu de Dios" (2 Crónicas 15:2), "Espíritu de Jehová" (Isaías 11:2), "soplo del Omnipotente" (Job 32:8), "Espíritu del Señor" (Isaías 61:1).

El Antiguo Testamento revela al Espíritu Santo como la presencia dinámica de Dios en la creación (Génesis 1:1-2), impartiendo vida a la primer pareja humana y como principio de vida y sustento (Génesis 2:7, Job 33:4). Más adelante en la historia, el ministerio del Espíritu se enfoca especialmente en la capacitación de personas escogidas por Dios, concediéndoles capacidades espirituales, intelectuales y físicas, generalmente para el liderazgo del pueblo de Dios.

La presencia del Espíritu en la vida de una persona se representaba en el ungimiento con aceite. Entre estos líderes se encuentran sacerdotes, profetas, jueces, reyes y personas con grandes talentos y habilidades artísticas para la construcción del Templo (Éxodo 31:1-6, Jueces 3:10, 1 Samuel 11:6).

Revelación: acto voluntario de Dios para darse a conocer a los seres humanos y atraerlos al compañerismo con Él.

Para estudio de la obra del Espíritu en la Salvación:
San Juan 1:12,13; 3:5, 6, 36 y 5:24;
Efesios 2:5-6
Tito 3:5,6
Gálatas 5:25

El Espíritu Santo es quien nos capacita y nos motiva a responder al amor de Dios por medio de la adoración tanto individual, como comunitaria.

La misión del Espíritu en el Antiguo Testamento fue la de inspirar a los profetas, por medio de quienes Dios daba a conocer su mensaje a los reyes, a la nación de Israel, y a otras naciones (Miqueas 3:8, Ezequiel 11:5).

Son los profetas quienes anuncian que el Espíritu de Dios sería derramado sobre todo el pueblo de Dios y para toda la humanidad en el tiempo de la venida de Jesús, lo cual se cumplió en el día de Pentecostés (Joel 2:28,29; Isaías 44:33, 59:21; Ezequiel 39:29 y Hechos 2:39). La acción del Espíritu sería ejercida desde dentro del corazón humano obrando de manera regeneradora y santificadora (Ezequiel 37:14; 36:26,27; Jeremías 31:33; 1 Corintios 3:16; 2 Corintios 3:3,6).

En hebreo la palabra "espíritu" significa soplo, viento, aire. Se le identifica con el aliento de Dios que otorga vida. Este soplo de Dios es quien da vida al ser humano, sin él sólo sería materia inerte (Génesis 2:7; Job 33:4; Ezequiel 37:9).

LA OBRA DEL ESPÍRITU SANTO EN EL ANTIGUO TESTAMENTO	
1) Dios ungía con su Espíritu solamente a quienes llamaba a un ministerio especial.	Éxodo 31:3; Jueces 3:10; 1 Samuel 16:13; 1 Pedro 1:10
2) Los siervos de Dios eran revestidos del Espíritu por un tiempo, luego podía ser retirado.	1 Samuel 10:10; Ezequiel 2:2, 3:24; Salmos 51:13 y otros.
3) La obra del Espíritu en el corazón humano no podía ser completa hasta que Cristo hiciera posible la purificación de los corazones mediante su muerte en la cruz. Es por eso que en el Antiguo Testamento dice que el Espíritu "posó" sobre una persona o "estaba sobre él" y no que estaba "en" esa persona.	Números 11:25 Jueces 3:10; 11:29. 1 Corintios 12:13

El Espíritu Santo a partir del Pentecostés

El Espíritu Santo es derramado sobre toda la Iglesia y guía su ministerio.

El día de Pentecostés es más que el inicio de la era cristiana. Marca el inicio de una nueva era en la que Dios obra de una manera muy diferente y profunda en los corazones de sus siervos. Es recién hasta el día de Pentecostés que Dios cumple su promesa de derramar su Espíritu sobre toda carne (Hechos 2:17): Dios puso su Espíritu en el hombre y la mujer (Juan 16:7; 14:16-17), hecho que no era posible antes de la muerte y resurrección de Cristo, lo que hizo posible la purificación del pecado en los corazones de sus discípulos.

En el Nuevo Testamento todo el ministerio del Espíritu se basa en la obra de Jesucristo. El objeto del ministerio del Espíritu es glorificar a Jesús (Juan 16:13-14). Sin la acción del Espíritu nadie podría apropiarse de la vida de Cristo. Es por ello que en el resto de los libros del Nuevo Testamento el Espíritu Santo recibe nombres que le asocian a Cristo como ser: "Espíritu de Jesús" (Hechos 16:7), "Espíritu de Cristo" (Romanos 8:9) y "Espíritu del Hijo" (Gálatas 6:4). Se trata de uno y el mismo Espíritu, la tercera persona de la divina Trinidad como explica René Pache "... *para las Escrituras, el Espíritu Santo, el Espíritu de Dios y el Espíritu de Cristo son una sola y única persona*" (1982:17).

Jesús usa la metáfora del viento para ilustrar la obra vivificadora del Espíritu en el corazón de sus seguidores (Juan 3:8, 29:22 y Hch. 2:2). Esta metáfora identificaba al Espíritu con lo celestial y con el Dios Omnipotente y soberano (Ezequiel 8:3, 11:1; Hechos 8:39,40).

Lección 6 - El Espíritu Santo y la adoración

Este es el mismo Espíritu divino y eterno que habitó en Jesús, que ahora edificaba su Iglesia obrando en el corazón de los hijos de Dios.

Lo que el Espíritu es y hace

El Espíritu Santo actúa para guiar a los hijos de Dios desde sus corazones.

Jesús anunció que Él tenía el poder para enviar al Espíritu Santo a vivir dentro de los corazones de los hombres y mujeres que habían creído en Él (Juan 16:7; 14:16-17).

Los creyentes deben cuidarse de: "mentir al Espíritu" (Hechos 5:3), "tentarle" (Hechos 5:9), "resistirle" (Hechos 7:51), "entristecerle" (Efesios 4:30), "ultrajarle" (Hebreos 10:29), que vienen a sumarse y ampliar la advertencia recibida del Señor de "blasfemar contra Él" (Mateo 12:31).

Cuando el Espíritu Santo permanece en los hijos de Dios (1 Juan 2:2) también el Padre y el Hijo permanecen (1 Juan 3:24). El Espíritu Santo permanece en el discípulo de Cristo y lo sostiene (Juan 4:14, 14:17).

LO QUE EL ESPÍRITU SANTO ES	LO QUE EL ESPÍRITU SANTO HACE
Es una persona divina, al igual que Dios Padre y Dios Hijo.	Convence de pecado, de justicia y de juicio al pecador para que pueda acudir al Salvador (Juan 16:8-11, Romanos 2:14,15).
Es el "sello" que distingue a los hijos de Dios (Efesios 1:33, 4:30 y 2 Corintios 1:22).	Habita en los verdaderos creyentes desde el momento en que aceptan a Cristo como Salvador y Señor, quienes pasan a ser templo del Espíritu Santo (Romanos 8:9-11; 1 Corintios 3:16, 17; 6:19; 2 Corintios 13:5, 6:16).
Es el agua de vida prometida por Jesús (Juan 6:35; 7:38,39).	El Espíritu hace posible que vengamos a ser hijos e hijas de Dios. Él es quien regenera al creyente, le bautiza y le "adopta" a la familia de Dios (Romanos 8:15).
Sus cualidades y atributos: "bondad" (Nehemías 9:20), "inteligencia", "consejero", "conocimiento" (Isaías 11:2), "santidad" (Salmos 51:13), "de suplica" (Zacarías 12:10) y de "temor de Jehová" (Isaías 11:2).	Se comunica con el Espíritu del cristiano (Juan 14:17,20).
Es un don de Dios para sus hijos (Romanos 6:23).	Transmite la vida de Cristo (Juan 4:14; 6:35; 10:10, Romanos 8:2; Juan 6:63).

Para estudio de la llenura del Espíritu en la Iglesia Primitiva:
En líderes: Hechos 8:4; 11:24; 13:9
En diáconos: Hechos 6:3, 7:55
En grupos de discípulos: Hechos 2:4
Una multitud: Hechos 4:4, 41.

La llenura del Espíritu

En tiempos de la Iglesia primitiva ser lleno del Espíritu no era una opción sino un requisito (Hebreos 12:4 y Efesios 4:13). Ser lleno del Espíritu equivale a ser "lleno de gracia" o plenitud espiritual como lo estaba Jesús. Sin el Espíritu, el creyente puede estar lleno de cualidades perversas como ser: ira (Hechos 19:28; Lucas 4:28), furor (Lucas 6:11) o envidia (Hechos 5:17; 13:45) entre otras.

Pedro afirma que estas perversiones provienen de Satanás y no pueden permanecer en un corazón lleno del Espíritu de Dios (Hechos 5:3, 13:9). Un corazón que no está lleno del Espíritu vive inclinado a la maldad.

Pablo anima a los corintios a ser llenos del Espíritu Santo. Afirma que aunque habían sido bautizados y habían nacido el Espíritu, sin embargo eran como niños, incapaces de asimilar y aplicar a sus vidas asuntos espirituales más profundos (1 Corintios 1:13; 6:9 y 3:1-3).

También los gálatas estaban en peligro de desviarse del verdadero evangelio y echar por tierra el trabajo de Pablo entre ellos porque no habían sido llenos del Espíritu (Gálatas 3:27; 4:6; 1:6; 3:3 y 4:11).

Pablo enseña a la iglesia de Éfeso que Dios desea que los creyentes de todas las épocas sean llenos del Espíritu (Efesios 5:18). Dios siempre procura que seamos más llenos de su Espíritu, como afirma Santiago 5:4: "... *El Espíritu que él ha hecho morar en nosotros nos anhela celosamente*" (VRV 1960), así como un padre desea para sus hijos la plenitud de salud y fortaleza.

¿Cómo se recibe la llenura del Espíritu?

Toda gracia recibida de Dios requiere de un corazón dispuesto. Para que el Espíritu Santo pueda llenar a una persona debe encontrar algunas condiciones de receptividad que se enumeran a continuación:

1) Confesión de cualquier pecado conciente, puesto que el pecado impide que el Espíritu pueda llenar el corazón humano (1 Juan 1:9).

2) Desear de todo corazón la plenitud del Espíritu. Pablo usa la metáfora del agua y la sed para ilustrar que el Espíritu no se niega a llenar un corazón que lo anhela fervientemente (Efesios 5:18; Juan 7:37).

3) Abandono completo en las manos de Dios. En este acto de renuncia Dios acepta como ofrenda todo lo que somos y nos recibe tal como somos. Dios quiere nuestro consentimiento para penetrar en todas las partes de nuestro ser para transformarlas y purificarlas. Él no espera que nosotros nos despojemos del pecado para entrar, el quiere entrar para librarnos del pecado (Filipenses 2:13).

4) La plenitud del Espíritu se recibe por la fe. Es imprescindible creer que Dios cumplirá su promesa y llenará todo nuestro ser (Juan 4:14;

Algunos pasajes que afirman que Dios santifica al creyente en el momento de ser lleno del Espíritu son: Romanos 15:16; 1 Corintios 6:11; 2 Tesalonicenses 2:13 y 1 Pedro 1:2.

Ser lleno del Espíritu no implica que el creyente tiene más del Espíritu Santo sino al contrario que Él tiene más del cristiano, quien habiendo renunciado a poner en primer lugar sus deseos egoístas, se pone enteramente a la disposición del Señor para que Él use su vida conforme a sus propósitos.

7:37-39). Esta fe debe ser depositada en Jesucristo, no en otras personas o en nosotros mismos y creer que Él estará presente cada día mediante el Espíritu.

5) En un instante (Hechos 2:4; 4:31; 9:17). La llenura del Espíritu no es por medida, ni en etapas progresivas. No obstante, también el Espíritu llena y conduce de etapa en etapa a la perfección. Se puede afirmar que lo que si ocurre gradualmente es que el Espíritu cada vez tiene más del creyente, puesto que su obra en la vida va llevando a una entrega cada vez más completa y perfecta a la voluntad de Cristo. El cristiano necesita entregarse más y más a Dios cada día.

"Si alguno tiene sed, que venga a mí y beba! De aquel que cree en mí, como dice la escritura, brotarán ríos de agua viva." (Juan 7:37-39).

RESULTADOS DE LA LLENURA DEL ESPÍRITU	
Pureza interior	Mateo 3:11,12 ; Lucas 3:16,17 Juan 7:39; 15:3; 16:7; 17:17 1 Corintios 3:13-15; Efesios 5:26
Perfección de amor	1 Corintios 13
Fruto del Espíritu	Gálatas 5:16, 22.
Crecimiento constante	Romanos 8:29; Efesios 4:13; 3:19 Juan 14:26; 7:38,39; 2 Timoteo 1:7
Infunde poder para la obra del ministerio	Hechos 1:29; 2:41; 7:55-6; 13:2,4; 16:6,8

A partir de la llenura del Espíritu el creyente experimenta victoria progresiva sobre el pecado puesto que se le hace libre de la ley del pecado y de la muerte (Romanos 8:2; 2 Corintios 3:17).

El Espíritu quema toda impureza y produce el fruto divino (Gálatas 5:22). Esta purificación interior vuelve amable el exterior y elimina todo lo que impide la comunión perfecta con Dios.

Una persona llena puede ser re-llenada del Espíritu. Pedro fue lleno dos veces Hechos 2:4 y 4:8 pero aún tenía prejuicios que debían ser limpiados de su ser (Hechos 10:10-16). Pablo le recrimina una falla en Gálatas 2:11,14. Aún lleno del Espíritu Pedro pudo pecar y arrepentirse y crecer como resultado de esa experiencia.

Lucas narra que los mismos creyentes que fueron llenos en Hechos 2:4, fueron llenos en Hechos 4:31. Ser llenos de nuevo es una necesidad humana y de esta manera se acerca el creyente a la semejanza de Cristo más y más.

Pero la semejanza perfecta de Cristo será alcanzable únicamente en la gloria (1 Juan 3:2) lo cuál revela que hay más para recibir del Espíritu después de la muerte física.

En los encuentros con Dios cara a cara en la adoración privada y pública el Espíritu Santo tiene oportunidad de ir completando su obra en nuestra vida. Al mismo tiempo, el Espíritu nos enseña a adorar a Dios con todo el corazón, con toda la mente y con todas las fuerzas, es decir con un corazón sincero cuyo amor para Dios es total y verdadero.

Adorar a Dios en Espíritu y Verdad es experimentar, en el andar diario, un encuentro con el Espíritu del Dios vivo.

¿Qué Aprendimos?

El Espíritu Santo capacita al cristiano en su adoración. El Espíritu Santo es quien capacita al creyente y lo motiva a responder al amor de Dios por medio de la adoración tanto individual, como comunitaria.

Actividades

INSTRUCCIONES:

1. ¿Cuál es el papel del Espíritu Santo en la adoración?
   _____
   _____
   _____

2. Explique ¿Porqué necesita el adorador ser lleno del Espíritu Santo?
   _____
   _____
   _____

3. ¿Cuál de los ministerios que hace el Espíritu Santo ha sido especial para su vida y crecimiento cristiano?
   _____
   _____
   _____
   _____

4. En grupos de tres o cuatro alumnos respondan: ¿Cómo la experiencia de adoración privada y comunitaria le ha ayudado a amar más a Dios?
   _____
   _____
   _____

5. Complete el siguiente cuadro comparando aspectos su vida antes y después de ser cristiano/a y luego de ser lleno del Espíritu Santo. Estos aspectos pueden ser formas de pensar, de hablar o de actuar.

Mi vida sin Cristo	Mi vida cristiana antes de ser lleno/a del Espíritu	Mi vida llena del Espíritu

Lección 7

La mayordomía como acto de adoración

Objetivos
- Definir "mayordomía".
- Comprender la mayordomía como acto de adoración.
- Apreciar las dimensiones de la mayordomía cristiana.

Ideas Principales
- Un mayordomo es un administrador de los bienes de otra persona.
- La mayordomía cristiana comienza reconociendo a Dios como dueño de todo lo que somos y tenemos.
- La vida y los bienes del mayordomo fiel están puestos al servicio de Jesucristo.

Mayordomo: *persona que tiene como responsabilidad administrar la casa y las posesiones de otro.*

Para el cristiano la mayordomía significa que todo lo que tenemos lo recibimos de Dios para una correcta administración y que algún día debemos rendir cuentas de cómo hemos administrado lo recibido.

Introducción

Mayordomía es la traducción de la palabra griega *oikonomia*, compuesta de *oiko*, que significa casa, y *nomos*, que significa ley. Así pues, se refiere al manejo de una casa o de los asuntos de una casa.

En los Evangelios un *oikonomos*, o mayordomo, es un esclavo o criado al cual el amo confía el manejo de su casa. *"¿Quién es el mayordomo fiel y prudente, al cual el Señor pondrá sobre su familia, para que a tiempo les de su ración?"* (Lucas 12:42). El término adquiere significado espiritual cuando Jesús lo usa como una metáfora para describir la manera en que una persona maneja su vida entera teniendo que dar cuentas delante de su Dios.

En las epístolas paulinas *oikonomia* es usada por Pablo para definir su comisión como predicador del Evangelio (1 Corintios 9:17). Él habla de si mismo como mayordomo de la gracia de Dios (Efesios 3:2) y de los misterios de Dios (1 Corintios 4:1).

Una de las responsabilidades que Dios encomendó a los líderes de la iglesia consiste en enseñar a los creyentes para que reconozcan a Dios como Creador y Redentor de la totalidad de sus vidas. Este reconocimiento debe de manifestarse en un santo cuidado de todo lo que Dios pone en sus manos. La mayordomía es el resultado final de una toma total de conciencia de la realidad de que todo lo que somos y tenemos nos ha sido dado por un Dios generoso para que lo administremos con sabiduría y que lo compartamos con generosidad.

El significado de la mayordomía

En esta sección aprenderemos los tres conceptos incluidos en la mayordomía.

Hay tres principios básicos incluidos en el concepto de la mayordomía. En primer lugar, el término implica la existencia de un dueño o propietario. Jesús recordaba muchas veces a sus discípulos que Dios no es solamente el creador y sustentador, sino también el dueño de todo lo que existe. Siglos antes, el salmista había ya declarado: *"De Jehová es la tierra y su plenitud, el mundo y los que en él habitan"* (Salmos 24:1 VRV). Los apóstoles también enfatizaron que todo era propiedad de Dios. En Hechos 4:32 dice: *"ninguno decía ser suyo propio nada de lo que poseía"*. La totalidad de la vida es un don de Dios. El es el creador y el proveedor de todo lo que el hombre posee.

En segundo lugar, si se da por sentado que Dios es el dueño de todas las cosas, entonces como tal tiene pleno derecho de designar al hombre y la mujer como sus administradores o mayordomos. El tercer principio, es la necesidad de que el mayordomo rinda cuentas al Creador del uso que ha dado a todo lo que le ha sido confiado.

En conclusión, ser mayordomo significa haber recibido un cierto depósito en confianza para administrarlo bien. Para el cristiano la mayordomía significa que todo lo que tenemos lo recibimos de Dios para una correcta administración y que algún día debemos rendir cuentas de cómo hemos administrado lo recibido.

La mayoría de la gente piensa que la mayordomía tiene que ver con el dinero y con las posesiones, dado que es obvio que tenemos una responsabilidad no solo para con Dios sino también para con nuestro prójimo respecto a la forma en que utilizamos estos bienes. Pocos estarían en desacuerdo con la idea de que uno puede juzgar el carácter de la gente a través del uso que hace de lo que posee, y en especial a través de la forma en que usa su dinero.

¿Pero qué es el dinero? No cabe duda que el dinero es un símbolo de alguna otra cosa. Es también un símbolo de trabajo. La mayor parte del dinero que circula debe su existencia al hecho de que diversos trabajos han sido ejecutados. Tales símbolos de la labor humana son reconocidos en los comercios. Allí son cambiados por otros símbolos de labor, como puede ser el pan. Pero ¿Qué es el pan? Es el símbolo de la labor de otro hombre, de un agricultor o de un panadero. Debemos dar un paso más entonces y preguntarnos ¿Qué es el trabajo? Trabajar lleva tiempo. Es así que podemos afirmar que el trabajo es tiempo.

Al hablar de una mayordomía del dinero, entonces, estamos hablando en realidad de la mayordomía del tiempo. Los creyentes para ser buenos mayordomos deben consagrar sus bienes, su tiempo y sus vidas completas a Dios. Este es el camino que Jesús enseñó para un estilo de vida victorioso.

Todos podemos y debemos servir en la iglesia. Nuestro mayor talento es nuestra propia vida.

Mayordomía del tiempo

¿Cómo debe el cristiano administrar el tiempo?

Cuando los creyentes descubren que el tiempo y los talentos que poseen son un préstamo de Dios, inevitablemente deberían preguntarse:

¿cuál es la mejor forma en que puedo utilizar mi tiempo para el beneficio de la obra de Dios en el mundo?

Luis piensa que al tener pocos bienes de este mundo, la mayordomía no es un problema que deba preocuparle. Él no tiene muchas posesiones y la forma en que ha de desprenderse del poco dinero que tiene ciertamente no representa un problema para él. Lo poco que gana rápidamente se consume en las necesidades básicas de la familia y es poco lo que le queda para dar a otros o para la iglesia. Sin embargo, Luis se equivoca en la forma de entender la mayordomía.

Luis tiene la misma oportunidad de dar que otras personas ya que dispone de la misma cantidad de tiempo que tienen todos los demás, sean ellos pobres o ricos. Dios nos ha dado la vida y la vida esta hecha de tiempo. No solo las ocho horas de trabajo en las que ganamos dinero, son valiosas. Todo el resto del día es un bien que recibimos de Dios para administrar.

Hay quienes piensan de la mayordomía del tiempo en términos de la cantidad de horas que dedican a la obra de la iglesia, la cantidad que dedican a la vida social, al trabajo, la familia, etc. Esto es importante, sin duda, pero la mayordomía del tiempo es más que dar una porción de "nuestro" tiempo para servir a Dios. La mayordomía del tiempo ha de ser medida no en su extensión sino en su profundidad; es decir no según su cantidad sino su calidad. El uso de nuestro tiempo debe tener un orden correcto de prioridades. Dichas prioridades han sido establecidas por Dios.

Debemos aprender a medir el tiempo con el valor que tiene, considerando que una vez gastado ya no se puede recuperar.

Por ejemplo: No es correcto dedicar tanto tiempo a la obra de Dios que descuidemos nuestra familia y nuestra salud. Tampoco es correcto dedicar tanto tiempo a la recreación que descuidemos la limpieza y el orden en nuestro hogar. Tampoco es correcto dedicar mucho tiempo al trabajo con el afán de acumular dinero para adquirir cosas que no son imprescindibles y no dar tiempo para servir a Dios.

Es decir, es muy importante encontrar el equilibrio adecuado en el manejo del tiempo, de manera de dar atención apropiada a todas las responsabilidades conforme al orden de prioridades que Dios ha establecido. La distribución del tiempo también hay que adecuarla según las diferentes etapas que pasamos en la vida.

La verdad es que lo importante para Dios, no es cuánto tiempo vivimos sino qué hacemos con nuestro tiempo mientras estamos vivos. Debemos aprender a medir el tiempo con el valor que tiene, considerando que una vez gastado ya no se puede recuperar. Muchas actividades en las que los cristianos invierten bastante tiempo como por ejemplo ver televisión, jugar video juegos y otras, son inútiles, no aportan salud, ni dinero, ni estrechan relaciones, ni sirven a Dios, ni comparten con otros el amor de Cristo.

Los cristianos tenemos que aprender a ser más responsables en el uso de nuestro tiempo en actividades que glorifiquen a Dios.

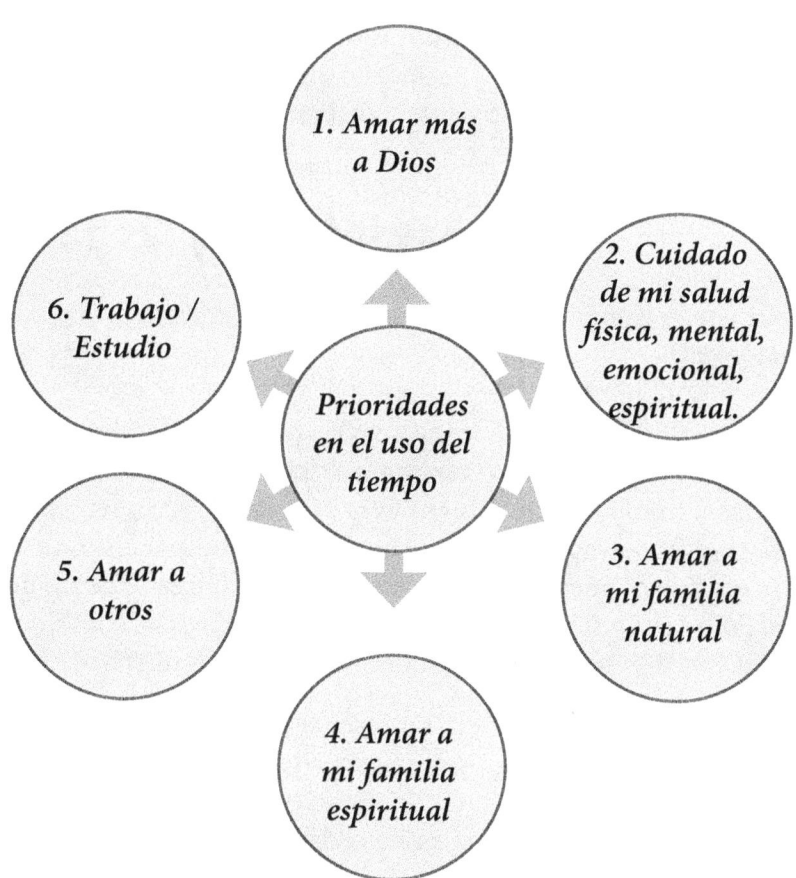

Mayordomía de las capacidades

Todos tenemos capacidades únicas que Dios nos dio para servir a otros.

Algunas personas piensan que los únicos que tienen responsabilidad de servir en la iglesia son quienes tienen talentos especiales o dones sobresalientes. La gente por lo general admira y hasta "envidia" a los que tienen dones musicales, de predicación, o de liderazgo. Pero no es correcto pensar que ciertas capacidades son más importantes que otras. Para Dios no hay gente con talentos especiales y gente "común". Todos fuimos bendecidos con cualidades valiosas para servir a Dios y a otras personas.

Todos podemos y debemos servir en la iglesia. Nuestro mayor talento es nuestra propia vida. Por ejemplo, todos hemos aprendido lecciones valiosas de nuestra propia experiencia de vida, de nuestro caminar diario con Cristo, de nuestros pastores y maestros en la iglesia y podemos ofrecer ese conocimiento a Dios y ponerlo al servicio de otros. Aún las experiencias difíciles de la vida como ser duras pruebas o experiencias dolorosas pueden ser transformadas en una herramienta de bendición para la vida de otras personas que pasan por similares situaciones.

Cada cristiano y cristiana tiene capacidades únicas que le han sido dadas por Dios para cumplir un propósito especial y sin par en su reino. Dios

Cada cristiano y cada cristiana tiene capacidades únicas que le han sido dadas por Dios para cumplir un propósito especial y único en su reino.

Lección 7 - La mayordomía como acto de adoración

desea que seamos buenos mayordomos de nuestros dones y capacidades, para llevar a cabo su voluntad y propósito en la tierra. Nadie puede tomar nuestro lugar en esa tarea. Dios quiere disponer de toda nuestra vida para bendecir a otras personas.

Para estudio de las enseñanzas de Jesús sobre el uso del dinero:
Mateo 6:24
Marcos 12:41-43
Marcos 12:16
Lucas 12:59
Lucas 14:28-30
Lucas 21:2
Juan 6:1-13

La mayordomía y las posesiones

En esta parte de la lección veremos el valor de la honestidad en la mayordomía.

El Señor habló libremente respecto a las posesiones y el dinero. En Mateo 6:24 Jesús enseñó que el amor a las riquezas no es compatible con la vida cristiana. El sabía que el dinero y las posesiones representan nuestro esfuerzo, energía, tiempo y talento y que cuando compartimos de lo que hemos logrado con nuestro trabajo, estamos dando una parte de nosotros mismos. Por el contrario cuando nos mostramos egoístas con nuestras posesiones nos estamos negando a darnos a nosotros mismos.

En nuestra sociedad el dinero representa poder, prestigio y seguridad. Con facilidad el dinero y las posesiones pueden llegar a ser el centro de nuestro amor y atención. Una actitud incorrecta para con el dinero puede transformarse fácilmente en una enfermedad espiritual.

En nuestra vida lo material y lo espiritual son inseparables. Todos somos seres materiales, hechos de carne y huesos, pero también espirituales. Cada una de estas áreas está interrelacionada y afecta a la otra. Jesucristo quiere ser el Señor de toda la vida, incluyendo nuestro dinero, nuestras posesiones, nuestro cuerpo, nuestra mente y nuestro espíritu. Es por eso que el Señor se interesa por la forma en que ganamos, usamos y compartimos nuestro dinero.

Dios requiere que todas nuestras posesiones materiales estén bajo su señorío. Esto significa que Dios puede usar o pedir en cualquier momento cualquier cosa que tenemos para usar en su obra. La honestidad es un requisito importante de los buenos mayordomos. Si decimos con nuestra boca que Dios es nuestro Señor, pero no le entregamos el cien por ciento de todo lo que somos y tenemos, estamos siendo mentirosos. La calidad de nuestra vida espiritual dependerá de la manera en que adoramos a Dios con toda nuestra vida, siendo fieles en la administración de nuestros recursos materiales.

> Dios requiere que todas nuestras posesiones materiales estén bajo su señorío. Esto significa que Dios puede usar o pedir en cualquier momento cualquier cosa que tenemos para utilizar en su obra.

El diezmo como acto esencial de mayordomía

A continuación conoceremos el significado del diezmo como acto de fidelidad.

El "diezmo", significa dar a Dios de un diez por ciento, de todas las ganancias materiales que un cristiano recibe como fruto de tu trabajo, herencia o inversiones. La primera mención del diezmo en la Biblia se encuentra en la historia de Abraham, quién entregó sus diezmos al sacerdote Melquisedec (Génesis 14:17-20). La acción de gracias fue lo que motivó a Jacob en su juramento de ofrecer a Dios el diezmo de sus bienes (Génesis 28:20-22).

Más adelante en la historia de Israel el diezmo se estableció como una ofrenda de acción de gracias que se presentaba a Dios libremente por las bendiciones recibidas, en lugar de ser una obligación o un tributo. Sin embargo, el diezmo no era lo único que los judíos daban a Dios de sus bienes. Ellos ofrendaban las primeras ovejas o cabras nacidas de sus rebaños y los primeros frutos de las cosechas. Estos bienes eran llevados al templo y se entregaban a los sacerdotes.

Los miembros de las iglesias cristianas continuaron con esta práctica hasta hoy y de esta manera todos los que somos parte de la familia de Dios tenemos el privilegio de contribuir con la extensión de su reino en esta tierra.

Los que somos parte de la familia de Dios tenemos el privilegio de contribuir con nuestro dinero y nuestros bienes a la extensión de su reino en esta tierra.

¿Qué Aprendimos?

Todos los cristianos deben aprender a ser mayordomos fieles de su tiempo, capacidades y posesiones. Tener a Cristo como Señor implica reconocerle como el dueño total y absoluto de nuestra vida y demostrarlo en la forma en que la administramos dando gloria y adoración a Dios con todo lo que tenemos y todo lo que hacemos.

Lección 7 - La mayordomía como acto de adoración

Actividades

INSTRUCCIONES:

1. Escribe tu propia definición de mayordomo.
   _____
   _____
   _____

2. Menciona tres cualidades de los buenos mayordomos.
   _____
   _____
   _____
   _____

3. ¿Qué cambios necesitas hacer en tu vida a partir de hoy para ser un mejor mayordomo?
   _____
   _____
   _____
   _____

4. Menciona las áreas de tu vida que eres responsable de administrar fielmente para Dios.
   _____
   _____
   _____
   _____

5. En grupos de tres o cuatro expliquen la relación entre mayordomía y adoración.
   _____
   _____
   _____
   _____

Lección 8

Fundamentos culturales de la Adoración

Objetivos
- Estudiar los fundamentos culturales de la adoración
- Analizar algunas características de la posmodernidad.
- Conocer la relación que tiene la cultura con la adoración

Ideas Principales
- La adoración es una herramienta poderosa para transformar la cultura, por su significado y sus principios espirituales.
- Jesús desafió los patrones culturales de su comunidad.
- La iglesia está llamada a ser agente de cambio y transformación.

Introducción

La historia de la iglesia revela que hay una variedad de formas en que las personas expresan su fe. Esto se debe a que la forma de expresar adoración está condicionada por la situación histórica y el contexto cultural del creyente. Cada cultura ha adoptado sus propias formas de adoración, de acuerdo con formas y estilos particulares. Es un error, pretender que una forma de expresión litúrgica sea igual a todos los contextos socioculturales. Es necesario que la iglesia, en el desempeño de su tarea misionera, entienda que las experiencias diarias y las condiciones psicosociales de una cultura, afectan profundamente la forma en que sus miembros entienden y expresan la fe.

Cuando Cristo, el divino Hijo de Dios, se encarnó en forma humana, nació en el núcleo de una familia judía y se adaptó a vivir dentro de esa cultura. La iglesia como cuerpo vivo de Cristo sirve en diferentes culturas, y como tal, encarna la misión de Cristo y representa la continuación del ministerio del Señor en la tierra. Es decir, que la iglesia está llamada a ser agente de cambio y transformación en la comunidad dónde se encuentra y, en pro de ello, debe adaptarse a vivir y comunicar el evangelio siguiendo el estilo de esa cultura. A esto se le conoce como "contextualización".

La cultura y sus formas

Todas las culturas tienen formas de conducta aceptadas e inaceptadas.

La cultura es aquel conjunto de patrones, comunes a un grupo determinado de personas, sobre el cual se organiza la vida humana y la sociedad.

La cultura describe la identidad de un grupo de personas.

La cultura es aquel conjunto de patrones, comunes a un grupo determinado de personas, sobre el cual se organiza la vida humana y la sociedad. Estos patrones son considerados "normales" para dicho grupo. Por ejemplo, es normal para algunas culturas saludarse con un beso, mientras que en otras se saludan con un apretón de manos o una reverencia. Las conductas específicas de una cultura son llamadas "normas", y ellas proveen el criterio de evaluación para conocer si la conducta es "normal" o "anormal". Un comportamiento inesperado fuera de dichas normas, deteriora las relaciones y disminuye la confianza entre las personas.

La gente de una cultura tiende a cerrarse a conductas o elementos que les parezcan nuevos, puesto que amenazan su forma de vida y su seguridad.

Esto se puede observar cuando un grupo de personas adoran a Dios usando medios y formas que les son conocidas y con las cuáles se sienten cómodas, mientras que para otras personas pueden ser chocantes e irrespetuosas.

La cultura describe también los roles de las personas, como por ejemplo lo que se espera de un hombre y de una mujer. En una sociedad pueden aparecer muchos roles dependiendo de las funciones y capacidades. Cuando una sociedad se organiza de manera de otorgar a un grupo de individuos o familias ciertos beneficios sobre otros, fácilmente puede abandonar los conceptos de justicia e igualdad para todos. Así como Jesús denunció a las clases sociales y políticas de su tiempo que oprimían a los más pobres, la iglesia, debe comunicar y promover la justicia de Dios entre los pueblos de la tierra.

¿Cómo debe vivir la iglesia en la cultura?

La iglesia es llamada a encarnarse en la cultura y transformarla en el amor de Dios.

Jesús aceptó algunos elementos de la cultura, pero rechazó aquellos que estaban en conflicto con el reino de Dios. El apóstol Pablo declara que Cristo se despojó a sí mismo, tomando forma de siervo, y en esa condición se humilló a sí mismo, haciéndose obediente hasta la muerte (Filipenses 2: 7-8). ¿Qué significa esto para nosotros? Significa que fuimos puestos por Dios en el mundo para cumplir una misión "encarnacional" para incorporarnos a la cultura como continuación del ministerio de Cristo. El cristiano está expuesto a las mismas tentaciones que los demás, experimenta las fuerzas y las debilidades de la cultura donde vive, pero goza de los beneficios que provee la comunión con Cristo, el cual da la fuerza para resistir el poder del maligno.

Se llama "culturización" al proceso cuando las personas de una cultura hacen ajustes para adaptarse a una nueva influencia o patrón cultural. Por ejemplo la adaptación al uso de nuevas tecnologías como la telefonía celular.

Cuando los cristianos se aíslan de la sociedad no están en posición de ayudar a otros a encontrar la libertad (Juan 8:31-32). El plan de Dios no es removernos del mundo, sino enviarnos al mundo a revelar su santidad para que el mundo le conozca (Juan 17:14-18). La meta del cristiano es mostrar cómo la verdad y el amor de Dios pueden mudar una sociedad de opresión e injusticia, porque las sociedades son transformadas cuando los individuos son realmente restaurados por el poder de Dios.

¿Qué son los valores culturales?

La iglesia debe vivir conforme a los valores del reino de Dios.

Los valores de una cultura son las metas positivas y valiosas que mueven y motivan la conducta de la gente. Los valores compartidos ayudan al grupo a entablar un diálogo cuando hay problemas, y encontrar soluciones en

Lección 8 - Fundamentos culturales de la Adoración.

conjunto. El concepto de felicidad se basa en buena parte en vivir conforme a los valores que la sociedad le impone.

Los valores se pueden ubicar en diferentes categorías, por ejemplo:

VALORES MÁXIMOS (LOS QUE DAN SENTIDO AL SER)	VALORES ESTRATÉGICOS (LOS QUE PERMITEN LA CONVIVENCIA)
•Amor •Autoestima •Salud •Felicidad •Libertad •Sabiduría •Compañerismo •Realización de metas •Paz	•Honestidad •Familia •Cariño •Imparcialidad •Creatividad •Lealtad •Flexibilidad •Estabilidad •Tolerancia •Servicio •Autonomía •Perdón •Competencia •Conocimiento •Iniciativa •Razón

Ejemplos de categorías que hacen más evidentes los patrones culturales:
-El parentesco y descendencia.
-El sexo, el matrimonio y la familia.
-Los medios de sustento.
-El sistema económico.
-El lenguaje.
-Los medios de comunicación.
-La organización política.
-Celebraciones nacionales.
-La expresión artística.
-La enfermedad y la sanidad
-Creencias religiosas: el comportamiento y el simbolismo.
-Los símbolos de riqueza y poder.

Los valores de una cultura se reflejan en su comprensión del evangelio y en su adoración. Al mismo tiempo el evangelio es una herramienta poderosa para transformar la cultura, ya que propone un estilo de vida "contra-cultura", es decir pone en tela de juicio todo lo que dicha cultura enseña y practica que sea contrario al evangelio de Jesucristo.

Los cristianos deben pasar la cultura por el tamiz de los valores del reino de Dios y así identificar aquellos aspectos pecaminosos de la misma. Por ejemplo, en países regidos por economías capitalistas, existe la tendencia a la acumulación de bienes, pero Jesús enseñó que no debemos ser esclavos de las riquezas, sino compartir voluntariamente con otros lo que tenemos, así como lo practicó la iglesia primitiva: *"Todos los que habían creído estaban juntos, y tenían en común todas las cosas; y vendían sus propiedades y sus bienes, y lo repartían a todos según la necesidad de cada uno"* (Hechos 2:44-45).

La iglesia en su tarea misionera, debe promover con su vida y su mensaje los valores del reino de Dios como son el amor, la justicia, la paz, y participar en el proceso de restauración de los seres humanos a la imagen y semejanza de Dios (Efesios 4:11-15).

¿Qué relación hay entre culto y cultura?

En el culto cristiano la expresión de la adoración se da en diversas formas culturales.

El culto cristiano se relaciona dinámicamente con la cultura en por lo menos cuatro maneras: Primero, la adoración es transcultural porque tiene aspectos que se dan en la iglesia de todas las culturas como son: el bautismo, la cena del Señor, la proclamación de la palabra, la lectura bíblica, los cánticos y la oración, y que el pueblo de Dios es enviado al mundo en misión. Estos aspectos forman la base para una "cultura del evangelio" común, y a su vez única, que une a todos los cristianos. Segundo, es contextual porque en cada cultura la adoración tiene su forma y sentido de expresión únicas, lo cual da lugar a una rica diversidad de expresiones en la adoración.

Tercero, es contracultura, porque reconoce que algunos elementos de cada cultura en el mundo son pecaminosos, deshumanizantes, y contrarios a los valores y principios del Evangelio. La fe cristiana y la adoración reta a todos los tipos de opresión, desigualdad, e injusticia donde quiera que estos existan. Cuarto, es intercultural, porque reconoce que los cristianos de varias culturas comparten elementos similares de adoración fortaleciendo su unidad a través de Cristo. La experiencia intercultural puede llegar a enriquecer la adoración en cualquier iglesia local.

Los valores culturales nos ayudan a entender el "lenguaje" de nuestro corazón. Es importante tener en cuenta que Dios entiende nuestra cultura, nos habla en nuestro idioma y se goza en la variedad de formas de expresión que preferimos para adorarle.

¿Qué significa el verbo ministrar?
Dar apoyo a alguien en algo. Es un sinónimo de atender, ayudar, poner a disposición y asistir.

La cultura y los ministros de alabanza

La cultura posmoderna fomenta el culto a la imagen.

Cuando se examina la cultura del mundo y sus influencias en quienes lideran la adoración cristiana, se nota una tentación fuerte al egoísmo y egocentrismo. El "culto a la imagen" o la "cultura de la figura" que impera en el contexto, intenta a elevar a quien canta o dirige, como el elemento más importante del culto. En ocasiones se puede dar el caso de que hay "música" en el culto, pero no hay adoración.

Es importante que los que dirigen la adoración en sus iglesias comprendan que el líder cristiano es un ministro primeramente, y después un músico; no al revés. Es decir los músicos sirven a Dios y a la congregación acompañando con música la comunicación del pueblo redimido con su Dios. La música puede proveer el ambiente propicio, facilitando a los creyentes el expresar su adoración a Dios. Pero la adoración no está en la música. Es decir, la música en sí misma, no es el equivalente de la adoración, ni es el único medio valido para rendir culto a Dios.

Es justamente esta falta de entendimiento por la cual los músicos se comportan como "artistas" y sienten que su responsabilidad es dar un "show" o "animar la fiesta". Es triste ver cómo en algunas iglesias al terminar

Un adorador debe ser un ministro, con la mirada fija en Dios y con la disposición de servir a la congregación. La ministración debe incluir preparación, capacidad, y sobre todo, el respaldo de Dios.

Lección 8 - Fundamentos culturales de la Adoración.

Cada congregación está en la libertad de desarrollar sus cultos de la forma que considera más conveniente para las personas de su cultura, no hay una forma única de adorar a Dios.

de tocar la última canción, los músicos salen del templo y no participan del resto del culto. Es triste también cuando los músicos no asisten a la Escuela Dominical, no se involucran en evangelismo y discipulado, no participan en otros ministerios de servicio. Estas formas de comportamiento revelan que no se ven a sí mismos como ministros.

Los ministros de alabanza debe tener en claro sus prioridades:

-Agradar a Dios en espíritu y en verdad, es decir ser un adorador genuino, con actitudes y motivos correctos.

-Ser sensible a la dirección del Espíritu Santo y ser sumiso al liderazgo de la iglesia.

-Dirigir de manera que Cristo sea exaltado, haciendo énfasis en Su persona, mostrándose humilde y sujeto al señorío de Él.

-Poner el objetivo en que la iglesia sea ministrada, es decir que reciba bendición conforme a sus necesidades.

Una iglesia que transforma la cultura

Una iglesia verdadera transforma su contexto.

Juan y Carlos Wesley, nacieron durante un tiempo de terrible inmoralidad y corrupción social en Inglaterra en el siglo 18. Inspirados por el Espíritu Santo, ellos desarrollaron una estrategia de evangelismo y discipulado que cambió la historia de Inglaterra. Los Wesley supieron responder a los problemas pecaminosos que enfrentaba la sociedad, tales como: la esclavitud, el alcoholismo, la explotación en el trabajo y la degradación moral, entre otros.

Para Juan Wesley, la adoración no se agotaba con la liturgia sino que alcanzaba su más grande expresión en su misión. La estrategia de los grupos pequeños de discipulado implementada por los Wesley, proveyó el ambiente para el acompañamiento espiritual y la restauración. Los miembros ganaban la victoria sobre el pecado, convirtiéndose en seres humanos productivos y contribuyendo a la restauración de los pobres y oprimidos.

¿Qué puede hacer la iglesia hoy frente a los desafíos culturales? En la carta a los Romanos dice el apóstol Pablo: *"No os conforméis a este siglo, sino transformaos por medio de la renovación de vuestro entendimiento, para que comprobéis cual sea la buena voluntad de Dios, agradable y perfecta"* (Romanos 12: 2).

El énfasis de este pasaje es de ser transformados y no ser conformistas. El cristiano no debe acomodarse a los elementos pecaminosos de la cultura que le rodea, sino ser un modelo de vida santa.

La iglesia es una nueva nación, una nueva sociedad portadora de principios y valores, con una cultura propia reunida alrededor del señorío de Cristo. No simplemente promueve una manera de pensar o creer, sino una nueva manera de ser en el mundo. La iglesia está llamada a influenciar y transformar la sociedad donde vive y adora. La iglesia tiene una misión especial: "discipular a las naciones", lo que significa enseñar a los pueblos del mundo a vivir como Cristo.

Las personas que ministran la adoración deben tener dones y un llamado especial de parte de Dios, además de ser capacitadas para este ministerio (1 Crónicas 25:1-8, Efesios 4:11).

¿QUÉ APRENDIMOS?

Las expresiones de adoración son propias y diferentes a las personas de culturas diferentes aunque hay elementos comunes que todos los cristianos del mundo comparten y que se conoce como "cultura del evangelio". La iglesia de Cristo ha sido llamada a vivir encarnada como su Señor entre las naciones para enseñar a los pueblos del mundo a vivir conforme a los principios y valores del reino de Dios.

Lección 8 - Fundamentos culturales de la Adoración.

Actividades

INSTRUCCIONES:

1. Define en sus propias palabras cultura.

2. Identifica y menciona algunos de los valores máximos y estratégicos presentes en tu cultura.

3. Menciona tres o cuatro aspectos pecaminosos presentes en la cultura de tu contexto.

4. En parejas respondan a lo siguiente:
a) ¿Hasta qué punto estamos como iglesia comprometidos con la transformación de nuestra sociedad?

b) ¿Qué significa ser un verdadero adorador en una cultura como la nuestra?

Evaluación Final

CURSO: LA ADORACIÓN COMO ESTILO DE VIDA

Nombre del alumno/a: _____
Iglesia o centro donde estudia: _____
Distrito: _____
Profesor/a del curso: _____
Fecha de esta evaluación: _____

1. Explique en sus palabras en qué consiste un estilo de vida de adoración.

_____
_____
_____
_____

2. Mencione algún tema del curso o lección que fue nuevo y provechoso para usted. Explique por qué.

_____
_____
_____
_____
_____

3. Explique cómo este curso le ayudó a ser un/a mejor adorador/a.

_____
_____
_____
_____
_____

4. ¿Qué aprendió en la practica ministerial del curso?

_____
_____
_____
_____

5. En su opinión ¿Cómo se podría mejorar este curso?

_____
_____
_____
_____
_____

Bibliografía

Libros:

Guang Tapia, Alberto. Hacia pastoral Paulina: Conferencia a la iglesia de Corinto. Tesis de Licenciatura en Teología. San José, Costa Rica. Seminario Bíblico Latinoamericano: Publicaciones INDEF, 1975.

Gruden, Waine. Teología Sistemática (Tomo I). Miami, Florida: Editorial Vida, 2007.

Laporta, Josep. La adoración a Dios desde una perspectiva bíblica y cúltica. Asociación de Ministros del Evangelio de Catalunya, 2005.

Ridderbos Herman. El pensamiento del apostol Pablo. Teologia del Nuevo Testamento. Buenos Aires, Argentina: Ediciones Certeza, 1979

Overman J. El cambio de una sociedad comienza con un cambio a los cristianos. EE.UU: The Biblie Advocate Pres Grant., s.f.

Paché, René. La persona y la obra del Espíritu Santo. Barcelona:Clie, 1982.

Sorge, Bob. Exploración de la adoración. Deerfield, Florida, EE.UU: Editorial Vida, 1987.

Taylor, R.S. Grider J.K. y Taylor W.H. Diccionario Teológico Beacon. Kansas City: C.N.P, 1995.

Turnbull, Rodolfo G. (Ed) Diccionario de Teología Practica Culto. Worchip, E.U: Subcomisión Literatura Cristiana, 1977.

Vine W.E. Diccionario expositivo de palabras de Antiguo y Nuevo Testamento exhaustivo de Vine. Nasville, Tennesse, Grupo Nelson, 2007.

Revistas:

Heraldo de Santidad. Arreola Freddy. Adorad a Dios en la hermosura de su santidad. En Volumen 55, Número 3, 2001, pp.20-21. Nazarene Publishing House, Kansas City, Missouri.

Heraldo de Santidad. Cuxum, Rony. La opinión de un nazareno sobre la adoración. En Volumen 55, Número 3, 2001, pp. 12-13. Nazarene Publishing House, Kansas City, Missouri.

Páginas web:

Carlos Alberto. La adoración, un estilo de vida. En Blog con propósito: Jazon. Recuperado en Marzo 2010 en http://carlosalbertopaz.jazon.info/

Warren, R. La adoración como estilo de vida. Publicado en revista Enfoque. Numero 29. Recuperado el 5 de marzo 2009 en http//www.webcristiano.net/home/index.asp

Sherman Daniel. La adoración a Dios. Recuperado en Abril 2010 en http://www.losnavegantes.net

Stauffer S.Anita. (Ed) (1996). Declaración de Nairobi sobre adoración y cultura en adoración cristiana: Unidad dentro de la diversidad cristiana. Minneapolis, E.U: Augsburgo Fosrtres, Federación Mundial Luterana. Recuperado en Febrero 2010 en http://www.worship.ca/docs/lwf_ns.html